AF389282

NOUVELLES OBSERVATIONS

SUR LA

GRAMMAIRE FRANÇAISE,

POUR SERVIR DE COMPLÉMENT

A CELLE DE M. DE WAILLY;

Par M. *Lardillon*, Associé-Correspondant de la Société des Sciences et Arts de Dijon.

A PARIS,

Chez Grégoire, Libraire, rue du Coq-Saint-Honoré, n°. 135,

Et chez Thouvenin, Libraire, quai des Augustins, n°. 44.

———

Germinal an XII (Avril 1804).

ce livre a été imprimé a dijon.

A DIJON, de l'imprimerie de CARION, rue de la Liberté, n°. 895.

JURY D'INSTRUCTION PUBLIQUE.

Extrait du Rapport du cit. CHARBONNET, sur les nouvelles Observations sur la Grammaire Française, pour servir de complément à celle de Wailly, par TOUSSAINT LARDILLON.

» JE pense que cet Ouvrage est fait pour ajouter
» un nouveau mérite à la Grammaire de Wailly,
» dont la réputation, justement établie, ne peut que
» s'accroître par le travail du Commentateur.

» Des principes lumineux, des observations déli-
» cates, des remarques judicieuses, beaucoup d'aperçus
» nouveaux, présentés avec autant de modestie que
» de sagacité, une réserve de critique rare dans la
» plupart des Littérateurs, doivent assurer à l'auteur
» le suffrage de ceux qui le liront.

» Cet ouvrage peut être très-utile tant aux Fran-

» çais qui veulent saisir toutes les finesses de la
» langue, qu'aux étrangers qui veulent en étudier
» les principes. »

Pour extrait conforme :

Le Secrétaire-général. Signé Méjan.

NOUVELLES OBSERVATIONS

SUR LA

GRAMMAIRE FRANÇAISE,

POUR SERVIR DE COMPLÉMENT

A CELLE DE M. DE WAILLY.

De l'Article.

ON peut diviser l'article en *article simple*, en *article composé*, et en *article supplétif*.

L'article *simple* est *le* pour le singulier masculin, *la* pour le singulier féminin, et *les* pour le pluriel des deux genres. Exemple : *l'*homme, *les* hommes, *la* femme, *les* femmes, etc.

L'article *composé* est ainsi appelé parce qu'il est formé de l'article *le*, *la*, *les*, et de la préposition *de* ou *à*. Cet article est *de le*, *à le*, pour le singulier masculin ; *de la*, *à la*, pour le singulier féminin, et *de les*, *à les*, pour le pluriel des deux genres.

On place toujours le mot *tout* entre la préposition *de* ou *à* et l'article *le*, et *tous* ou *toutes* entre la préposition *de* ou *à* et l'article *les*, ainsi qu'on va le démontrer.

L'article *supplétif* est *du* ou *au* pour le singulier masculin, et *des* ou *aux* pour le pluriel des deux genres. Il n'y en a point pour le singulier féminin. Cet article est ainsi nommé, parce qu'il tient la place des articles composés *de le*, *à le*, *de les*, *à les*.

Nous disons : Il est difficile de se faire aimer *de tout le* monde, de plaire *à tout le* monde; la vertu est le plus précieux *de tous les* biens, et il importe *à tous les* hommes de la pratiquer. Si nous retranchons les mots *tout*, *tous*, qui se trouvent entre *de le*, *à le*, *de les*, *à les*, nous dirons alors : Il est difficile de se faire aimer *du* monde, de plaire *au* monde; la vertu est le plus précieux *des* biens, et il importe aux hommes de *la* pratiquer.

Ainsi, au lieu de joindre *à* ou *de* à l'article *le* avant un nom qui commence par une consonne ou une *h* aspirée, il faut employer *du* pour *de le*, et *au* pour *à le*; et avant tous les noms quelconques, au lieu de dire *de les*, il faut dire *des*, et au lieu de dire *à les*, il faut dire *aux*. Exemple : Il est du devoir *des* Soldats d'obéir *au* Général; il est *de la* gloire *du* Héros de devoir plus *à la* conduite qu'*au* hasard.

On peut remarquer dans cette dernière phrase, qu'on emploie fort bien l'article composé *de la*, *à la*.

On dit également bien *de le*, *à le*, avant un nom qui commence par une voyelle ou par une *h* non aspirée. Exemple : Cet homme a *de* l'honneur ; il ne sacrifiera point sa réputation *à* l'intérêt.

Remarque sur les parties du Discours.

Presque toutes les parties du discours s'emploient substantivement dans certaines occasions, comme les pronoms possessifs relatifs : Je garde *le mien* ; je ne veux point du *tien* ; les adjectifs : Le *sage* ne s'étonne de rien ; les adverbes : Le *mieux* ou le *moins* que vous puissiez faire ; les infinitifs : Il est difficile de se procurer le *boire*, le *manger* ; les gérondifs présens : Il faut connaître les *tenans* et les *aboutissans* d'une affaire ; les participes : L'*offensé* est en droit de se plaindre.

Son plus beau lustre.

M. de Wailly dit que dans ces vers

Une naissance illustre
Des sentimens du cœur tire son plus beau lustre ;

Son plus beau lustre signifie *le plus beau de ses lustres.*

Je crois devoir observer que le mot *lustre* ne s'emploie au pluriel qu'en parlant des chandeliers de cristal ou de bronze à plusieurs branches, qu'on suspend au plancher pour éclairer. On dit *un lustre de cristal* ; la salle était éclairée par douze *lustres* ; et en parlant de plusieurs espaces de temps dont chacun est composé de cinq années, on dit : *Après trois lustres*, c'est-à-dire, *après quinze années* ; mais lorsque le mot *lustre* signifie l'éclat que l'on donne à un objet quelconque, soit en le polissant, soit en employant un vernis ou une composition, on ne le met qu'au singulier. On dit : *Cette étoffe n'a point de lustre ; a perdu son lustre* ; elle a bien du *lustre*. L'ébène poli a *un grand lustre* ; mais on ne peut pas dire : *cette étoffe a perdu ses lustres, elle a bien* des lustres.

Il en est de même lorsque le mot *lustre* est employé au figuré pour signifier l'éclat que donnent la parure, la vertu, le mérite, les dignités. On dit : *Les pierreries donnent* du lustre *à la beauté des femmes ; cette charge lui donne* un grand lustre ; mais on ne peut pas dire, comme le prétend M. de Wailly, qu'une naissance illustre reçoit *le plus beau de ses lustres* des sentimens du cœur ; de même qu'on ne saurait dire

qu'elle en reçoit *le plus beau de ses éclats.*
Il faut dire qu'elle en reçoit *son plus beau
lustre* ou *son plus bel éclat.*

Plus bon.

Lorsque *bon* se prend en mauvaise part,
et signifie niais, simple, crédule, on ne
peut pas placer *plus* avant lui, comme M.
de Wailly le prétend. On dit : *Il est* bien bon
de croire cela , etc. pour dire qu'il est trop
crédule ; mais au lieu de dire : Vous vous
étonnez qu'il soit assez bon pour croire
toutes ces choses, et moi je vous trouve
encore bien *plus bon* de vous persuader
qu'il les ait crues ; il faut dire : Vous vous
étonnez qu'il ait été assez bon pour croire
toutes ces choses , mais vous l'êtes bien
davantage si vous vous imaginez qu'il les ait
crues.

On ne peut employer *plus* avant *bien* et
bon , que lorsque *plus* est particule et non
pas adverbe de comparaison. Ainsi, on dit :
Quand les fruits sont trop mûrs, ils ne sont
plus bons; autrefois il écrivait bien , mais
à présent il n'écrit *plus bien ,* ou le style
de ses derniers ouvrages est bien inférieur
à celui des premiers.

Petits Levers , petits Couchers.

En parlant des substantifs qui n'ont que

le singulier , M. de Wailly s'exprime ainsi :
« Les infinitifs employés comme substantifs ,
» et auxquels on ne peut pas joindre un
» adjectif, comme *le lever*, *le coucher*,
» n'ont pas de pluriel. »

Il me semble que M. de Wailly s'est trompé
quand il a placé ces deux infinitifs au nombre
de ceux auxquels on ne peut pas joindre
un adjectif. On dit fort bien : J'ai du
plaisir à me trouver au *petit lever*, au
petit coucher de N. . . ; les *petits levers*,
les *petits couchers* de N. . . ., sont fort
agréables. Les mots *petits levers*, *petits
couchers* signifient une réunion de personnes
aimables qui se trouvent habituellement chez
N. . . . . à l'heure de son lever ou de son
coucher.

Le *Sourire*, le *Souris*; le *Rire*, le *Ris*.

La seule différence qui se trouve dans
la manière d'écrire et de prononcer le *souris*
qui signifie l'action de sourire, et la *souris*
animal, consiste uniquement dans l'article;
ce qui donne lieu aux étrangers et aux
jeunes-gens qui apprennent la langue française, de prendre *le souris* ou *un souris*
pour le mâle de *la souris*.

L'équivoque est encore plus facile entre
le ris qui signifie l'action de rire, et le *ris*,

sorte de graine qui sert de nourriture ; puisque ces deux mots sont de même genre , se prononcent et s'écrivent de même ; car l'Académie écrit le dernier *riz* ou *ris*.

Il me semble qu'au lieu d'employer indifféremment les mots *rire* ou *ris*, *sourire* ou *souris*, pour signifier l'action de rire ou de sourire, il vaudrait mieux ne faire usage du mot *ris* qu'au pluriel dans le style poëtique, lorsqu'on personnifie le rire ; ne se servir du mot *souris*, qu'en parlant de la souris animal, et n'employer que les mots *rire* et *sourire* pour exprimer l'action de rire ou de sourire ; ainsi, on dirait : *Cette femme a le rire charmant*; des rires innocens ; cette jeune personne a le sourire *fin et délicat*; les *jeux* et les ris *folâtraient autour d'elle* ; une souris *a rongé vos souliers* ; le ris *est une bonne nourriture.* La signification de ces mots serait alors parfaitement déterminée.

De l'Imparfait, du Parfait et du plus que Parfait du subjonctif.

M. de Wailly se borne à dire que de même que le présent du subjonctif, l'imparfait désigne souvent un futur, et il ne dit rien du parfait et du plus que parfait du subjonctif.

Non-seulement l'imparfait du subjonctif marque un futur, comme dans cette phrase : *Je ne croyais pas que vous* vinssiez *avant le mois prochain* ; mais on l'emploie encore pour marquer qu'il faudrait qu'une chose fût finie, pour qu'une autre se fît. Exemple : Pour être en état de payer cette maison, il faudrait que je *reçusse* l'argent qu'on m'a promis.

Le parfait du subjonctif sert souvent à marquer qu'une chose n'a pu se faire dans un temps qui est passé et dont il ne reste plus rien, qu'autant qu'une autre chose s'est faite auparavant, ou bien, qu'une chose ne peut se faire présentement, ou ne pourra se faire qu'autant qu'une autre chose sera faite auparavant. Exemple :

Pour acheter cette maison, il a fallu que j'*aie reçu* la somme qu'on m'avait promise. On voit clairement que l'acquisition de la maison a été faite, qu'elle est entièrement terminée, et qu'elle n'a pu l'être que parce que j'ai reçu auparavant la somme qui m'était nécessaire ; mais si je dis : *Pour vous refuser ce que vous me demandez, il faut réellement que je* n'aie pas reçu la *somme que j'attendais ;* ou bien : *Pour vous remettre cette somme dans huit jours, il faudra que* j'aie reçu *celle qu'on m'a promise*. On voit que je ne refuse présentement que parce que je n'ai pas reçu , et que je ne donnerai la somme qu'autant que je l'aurai reçue.

Le *plus que parfait du subjonctif* sert souvent à marquer que pour qu'une chose se fût faite dans un temps passé dont il ne reste plus rien , il aurait fallu qu'une autre chose eût été ou n'eût pas été faite auparavant ; ou bien , que pour qu'une chose se fît actuellement ou à l'avenir , il faudrait qu'une autre chose eût ou n'eût pas été faite dans un temps passé dont il ne reste plus rien.

Exemples : Il avait de grandes vues , et son plan était bien combiné ; mais pour qu'il réussît , il aurait fallu qu'on ne lui *eût* pas *adjoint* un homme aussi inepte et aussi immoral.

Pour que je consentisse à rester avec vous , il faudrait non-seulement que je n'*eusse* jamais *éprouvé* de mauvais procédés de votre part, mais encore que vous *eussiez* toujours *eu* pour moi tous les égards que la décence et l'honnêteté exigent.

Il a sorti , il est sorti.

Quelques auteurs sont dans l'usage de conjuguer le verbe *sortir* avec *avoir* et *être,* lorsqu'il n'a pas de régime simple , et qu'il est employé comme verbe neutre. Ils le conjuguent avec *avoir* , quand ils veulent faire entendre qu'on est rentré ensuite. *Mon frère* a sorti *ce matin* ; cela signifie que mon frère est de retour. Au contraire , *mon frère* est sorti *ce matin* , signifie que mon frère n'est pas encore de retour.

Cet usage me paraît vicieux. Lorsque j'entends dire : *Le tonnelier* a sorti *le vin de la cave* , je conçois parfaitement l'idée de celui qui parle ; mais si j'entends seulement les mots *le tonnelier a sorti* , je demande quelle est la chose que ce tonnelier a déplacée , et je suis fort étonné d'apprendre qu'il n'a encore rien fait ; je le suis bien plus lorsque je demande si ce tonnelier est à la maison , et qu'on me répond que je n'en dois pas douter , puisqu'on me dit qu'il *a sorti.* Je ne parviens à deviner cette énigme qu'en me rappelant que plusieurs personnes sont dans l'usage de conjuguer le verbe *sortir* avec *avoir* , pour marquer qu'on est de retour , et avec *être* , pour marquer qu'on n'est pas de retour.

Il me semble plus naturel de ne conjuguer le verbe *sortir* avec l'auxiliaire *avoir* , que lorsqu'il a un régime simple , et de le conjuguer toujours avec le verbe *être* , lorsqu'il est employé comme verbe neutre. Il vaut mieux dire : *Pierre est sorti, et n'est pas encore de retour;* ou simplement, *Pierre est sorti,* pour faire connaître qu'il n'est pas de retour; dans le cas contraire, on dira : *Pierre est rentré, Pierre est de retour,* ce qui supposera nécessairement que Pierre a fait une absence, et qu'il n'est pas resté constamment à la maison.

Accroître, apparaître, etc.

On est dans l'usage de conjuguer indifféremment avec les verbes auxiliaires *avoir* ou *être,* les verbes *accourir, apparaître, comparaître, disparaître, croître, décroître, périr, accroître, recroître.*

Il me paraît préférable, afin de rendre la prononciation plus douce, d'employer le verbe *être* avec les verbes *accourir* et *apparaître* qui commencent par *a.* L'oreille sera plus agréablement affectée, si on dit: *Je suis accouru, il est accouru, il est apparu,* etc. que lorsqu'on dira : *j'ai accouru, il a accouru, il apparu,* etc. La rencontre et le choc des voyelles *a*, rendent la prononciation difficile, et produisent un mauvais effet. Si on ne peut éviter cet inconvénient avec les verbes actifs qui commencent par la voyelle *a* , parce que le verbe être est spécialement destiné à les conjuguer au passif , et que tout verbe qui a un régime simple , doit être conjugué avec l'auxiliaire *avoir* , il faut du moins éviter cette mauvaise consonnance avec les verbes neutres, ou qui sont employés neutralement.

Par exemple : Le verbe *accroître* s'emploie comme verbe actif et comme verbe neutre. On dit : *Sa fortune* accroît ; *cet homme a accru considérablement sa fortune.* Dans ce cas l'oreille ne peut distinguer le verbe neutre du verbe actif ; elle les confond absolument, et cela donne lieu à une équivoque. Lorsque j'entends dire *son bien accroît* ou *a accru* , je suis tenté de demander quelle est la chose que ce bien accroît ou a augmentée ; j'attends qu'on me fasse connaître le régime simple du verbe que je prends pour un verbe actif. Il me paraît donc plus convenable de n'employer le verbe *accroître* que comme verbe actif , avec l'auxiliaire *avoir* , en disant : *Pierre accroît, a accru son bien* , et de se servir du verbe pronominal *s'accroître* , lorsqu'on veut dire que le bien de Pierre prend ou a pris de l'accroissement ; ainsi on dira : *son bien* s'accroît, s'est accru *considérablement* ; au lieu de *Son bien* accroît, a accru.

Même observation sur le verbe *augmen-*
ter, et autres semblables.

Je vais ou *je vas*.

M. de Wailly et le dictionnaire de l'Académie se servent de ces deux expressions ;
mais l'Académie, dans ses observations sur
les remarques de Vaugelas, a rejeté *je vas*,
et il me paraît plus doux de dire *je vais*.
C'est d'ailleurs une manière de distinguer
à l'oreille la première personne de la seconde
et de la troisième, qui ont le même son.

Aller avec *avoir* ou *être*.

On est dans l'usage, comme le dit M. de
Wailly, de former les temps composés du
verbe *aller*, avec l'auxiliaire *être* et le parti-
-cipe *allé*, quand on veut dire que quelqu'un
est ou était sorti, et qu'il n'est pas revenu.
Il est allé *à la promenade*, *au marché*;
mais si on veut faire entendre que la personne est revenue, alors on se sert de
l'auxiliaire *avoir* et du participe *été*. *Il* a
été *à Rome*; *on m'a dit que vous* aviez
été *à Rome*.

Il me semble qu'il conviendrait; 1°. de
supprimer dans le verbe *aller* le second
participe *été*, le second gérondif passé *ayant
été* et le second parfait défini *je fus*, qui me

paraissent devoir appartenir uniquement au verbe *être*; 2°. de n'employer que les temps de l'auxiliaire *être* avec le participe *allé*, toutes les fois qu'on veut marquer le mouvement, le déplacement, etc. et de n'employer l'auxiliaire *avoir* avec le participe *été*, que pour marquer l'état, la manière d'être d'un sujet animé ou inanimé.

L'emploi de l'auxiliaire *avoir* avec le participe *été*, pour marquer le mouvement, donne souvent lieu à une équivoque, en laissant celui qui nous écoute dans l'attente d'autre chose que ce que nous voulons lui dire; par exemple, si j'entends dire de quelqu'un : *Il a été malheureux*, *il a été disgracié*, je vois clairement qu'on désigne la manière d'être de cet individu, les différentes situations dans lesquelles il s'est trouvé; si on continue de parler et qu'on ajoute : *il fut*, *il a été*, *etc.*, mais qu'on ne finisse pas la phrase sur-le-champ, alors persuadé qu'on veut encore me faire connaître une nouvelle situation de celui dont on parle, j'interrogerai en disant : *Que fut-il encore ? qu'a-t-il encore été ?* je serai fort surpris quand on me répondra : *Il fut à Rome; il a été à Londres.* J'étais loin de croire qu'on voulût marquer le mouvement ; je n'aurais pas au contraire prévu autre chose, si on eût commencé la phrase par les mots *il alla, il est allé*, et j'aurais interrogé, en disant : *Où alla-t-il ? où est-il allé ?* Je serais alors satisfait de la réponse : *Il alla à Rome, il est allé à Londres.*

Cette manière de distinguer quand celui dont on parle est ou n'est pas de retour, ne me paraît pas heureuse. Je vais donner un exemple de la facilité avec laquelle on peut se méprendre sur l'idée de celui qui parle. Si quelqu'un dit : *Je fus à Rome, j'ai été à Rome, etc.* et qu'il soit interrompu, je croirai, d'après l'usage reçu, qu'il veut uniquement dire qu'il fit ou qu'il a fait l'action d'aller à Rome, et qu'il est de retour ; jusque-là ces deux phrases ne peuvent pas signifier autre chose ; mais s'il reprend la parole, et qu'après le mot *Rome*, il ajoute les mots *infiniment malheureux, dans le plus grand embarras, etc.* je verrai alors que je me suis trompé, et qu'il ne veut pas marquer le mouvement, le déplacement, mais qu'il veut seulement faire connaître la manière d'être, la crise qu'il a éprouvée pendant son séjour à *Rome*.

Je crois avoir démontré clairement l'avantage de n'employer jamais que l'auxiliaire *être* avec le participe *allé*, pour marquer le mouvement. La langue française fournit assez d'expressions pour faire connaître si celui dont on parle a terminé son voyage, et s'il est ou s'il n'est pas de retour. Dans le dernier cas, je dirai : *Pierre est allé à Rome, et il n'est pas encore de retour*, ou *Pierre n'est pas encore de retour de Rome, n'est pas encore revenu de Rome*; ou simplement, *Pierre est allé à Rome, est parti pour Rome.* Si au contraire je veux faire connaître que Pierre a fait l'action d'aller à Rome, et qu'il en est revenu, au lieu de dire : *Pierre a été à Rome*, je dirai : *Pierre est de retour de Rome, Pierre est revenu de Rome.*

Sur le verbe Bouillir.

M. de Wailly et quelques auteurs disent indifféremment *je bouillirai* ou *je bouillerai, je bouillirais* ou *je bouillerais* ; mais le dictionnaire de l'Académie n'emploie pas cette seconde manière de parler, et il me paraît convenable de s'en tenir à la règle générale, d'après laquelle le futur se forme du présent de l'infinitif, en changeant *r* ou *re* en *rai*, et le conditionnel présent se forme du futur en changeant *rai* en *rais*. *Bouillir, je bouillirai, je bouillirais.* Il est important qu'il n'y ait qu'une seule manière de conjuguer les verbes.

M. de Wailly aurait pu observer que ce verbe ne s'emploie qu'à la troisième personne, *l'eau bout, bouillira, etc*; à moins qu'on ne s'en serve dans un sens figuré. Exemple : Je *bous*, je *bouillais* en l'entendant parler de la sorte. Pour donner un régime simple à ce verbe, et l'employer avec toutes les personnes, on se sert des temps du verbe *faire* joints à l'infinitif *bouillir* : Je *fais*, je *faisais*, j'ai *fait bouillir* le lait.

Fuir.

A la première et à la seconde personne du pluriel de l'imparfait de l'indicatif et du présent du subjonctif, il faut ajouter un *i* après l'*y*, et écrire *fuyions*, vous *fuyiez*, que nous *fuyions*, que vous *fuyiez*, pour les distinguer des deux premières personnes du pluriel du présent de l'indicatif.

Conquérir.

Je ne vois pas pourquoi M. de Wailly dit que le verbe *conquérir* ne s'emploie qu'au présent de l'infinitif, au participe, aux gérondifs, au parfait défini, à l'imparfait du subjonctif et aux temps composés. Il me semble qu'on dit fort bien : *Tandis que César* conquérait *les Gaules, etc.*;

si la fortune continue de le favoriser, il conquerra *tous les états de son voisin*; si on ne prenait de fortes mesures pour l'arrêter, *je crois qu'il* conquerrait *le globe*. C'est au goût seul à déterminer quand il convient d'employer ce verbe, ou de se servir d'une autre expression.

Assaillir.

Il ne faut pas dire j'*assaillerai*, j'*assaillerais*, dites seulement j'*assaillirai*, j'*assaillirais* : quoique M. de Wailly annonce qu'on peut dire l'un et l'autre, le dictionnaire de l'Académie n'emploie que le dernier. Voyez ce que j'ai dit sur le verbe *bouillir*.

Clore et éclore.

M. de Wailly écrit *clorre* ou *clôre*, *éclorre* ou *éclôre*, et ainsi aux autres temps de ces verbes; mais le dictionnaire de l'Académie n'emploie qu'un *r*.

Il *conclud* ou *conclut.*

L'Académie écrit à la troisième personne du présent il *conclud* ou *conclut*. Il me semble qu'il vaut mieux écrire il *conclud*, pour distinguer la troisième personne du présent, de celle du parfait défini, qui s'écrit avec un *t*.

M. de Wailly écrit nous *concluïons*, vous *concluïez* au plurier de l'imparfait ; mais il faut écrire avec l'Académie , nous *concluyons*, vous *concluyez*, parce que le son de l'*i* doit être plus mouillé qu'il ne le serait si on employait un *i*, surmonté du tréma.

Exprès.

Je ne vois pas pourquoi M. de Wailly a placé ce mot parmi les adverbes de manière ; il doit être considéré comme un adverbe de motif, car il sert à marquer la raison ou le motif qui a fait faire une chose. Exemple : Il a fait meubler un appartement *exprès pour recevoir ses amis.*

A cause.

M. de Wailly dit que l'expression *à cause* est un adverbe de motif ; mais cette expression n'est point un adverbe : elle ne signifie rien par elle-même, et ne peut avoir un sens déterminé qu'autant qu'elle est suivie de la préposition *de*, et d'un nom ou d'un pronom, ou de la conjonction *que*, et d'un nom ou d'un pronom suivi d'un verbe. Exemples : J'ai fait cela *à cause de vous ;* je n'irai pas à la comédie *à cause qu'il y a trop de monde.* Dans la première phrase, *à cause* est préposition ; dans la seconde, c'est une conjonction.

Je n'ai employé la dernière phrase que pour donner un exemple ; mais il vaut mieux dire : *Je n'irai pas à la comédie, parce qu'il y a trop de monde.*

Dedans, dehors, dessus, dessous, etc.

Plusieurs donnent mal-à-propos un objet ou régime aux adverbes *dedans, dehors, dessus, dessous, auparavant,* qu'ils confondent avec les prépositions *dans, hors, sur, sous, avant.* On dit bien *dans la chambre, hors de la ville, sur la table, sous la table, avant minuit ;* mais on ne peut pas dire *dehors la ville,* ni *dehors de la ville, dedans la chambre, etc.*

De la phrase elliptique.

M. de Wailly ne parle point de la phrase *elliptique* qui est fort usitée dans le discours.

La phrase *elliptique* est celle dans la seconde partie de laquelle il se trouve un sujet dépourvu de verbe et de régime, et où l'on sous-entend le verbe et le régime énoncés dans sa première partie.

Exemple : Les auteurs qui ont écrit les

différentes révolutions des empires, n'ont pas eu une matière aussi vaste *que ceux* qui transmettront à la postérité la révolution française et les guerres qui en ont été la suite.

Dans cette phrase, ce sont les mots *que ceux* qui la rendent elliptique, parce que le sujet *ceux* se trouve dépourvu de verbe et d'objet.

Quand on dit *la Saint-Jean* pour dire *la fête de Saint-Jean*, c'est aussi une ellipse. Il a pris sur lui d'*attaquer*; c'est une ellipse, pour dire *le risque d'attaquer*.

De l'article avec pas et point.

Avec *pas* et *point*, on met l'article avant le nom, quand *pas* ou *point* ne tombe que sur le verbe, sans influer sur le régime. Dans les phrases suivantes, citées par M. de Wailly : *Pourvu qu'on ne coupe point des mots inséparables, le substantif ou vocatif se place où l'on veut.* D'OLIVET.

Je ne vous ferai point *des* reproches frivoles.
RACINE.

Point ne tombe que sur le verbe, et n'influe pas sur le régime. Il en est de même quand on dit : Je n'estime point l'amitié qui n'est fondée que sur l'intérêt ; mais dans la phrase, je n'ai point *d'amis*, on n'emploie pas l'article, parce que *point* influe sur le régime. On dirait en latin : *nullos teneo amicos.* On doit supprimer l'article dans toutes les phrases de cette nature.

De l'Article après bien *mis pour* beaucoup.

Quoique l'Article ne doive point être placé après l'Adverbe *beauconp*, on le met cependant après *bien* mis pour *beaucoup.* Exemple : *voilà des diamans qui ont* bien *de l'éclat.*

Qu'elle est la raison de cette différence ? Celle que donne M. de Wailly me paraît peu satisfaisante, et même diamétralement opposée à ses principes. C'est à l'instant où il vient de dire *qu'on met l'Article avant un nom commun pris dans un sens partitif, pourvu que ce nom ne soit précédé ni d'un adjectif* ni d'un adverbe *, ni d'une particule de quantité, comme* que *mis pour* combien, beaucoup, peu, pas, point, moins, etc. ; c'est après avoir posé ce principe, qu'il dit *qu'on met l'article après* bien *mis pour* beaucoup, *parce qu'alors* bien *est adverbe ;* voilà, si je ne me trompe, une contradiction manifeste.

Il ajoute « c'est que *bien* est adverbe et » signifie *largement, en abondance ;* au » lieu que *beaucoup, peu, pas, point,* etc ; » sont de véritables noms, du moins dans l'origine. « Ces mots *au lieu que* semblent dire que *beaucoup* ne signifie pas *largement, en abondance*, et n'est pas un adverbe, mais un nom, ce qui est également faux et contradictoire : car *beaucoup*, et *bien* mis pour *beaucoup*, doivent nécessairement avoir la même signification ; ils doivent être adverbes l'un et l'autre, ou ne l'être ni l'un ni l'autre. Il est possible que lorsque la langue française venait de naître, quelqu'un ait imaginé de prendre le mot *beaucoup* et d'autres de ce genre, pour des noms ; mais il y a si long-temps qu'on ne les considère que comme des adverbes, qu'il est permis d'être étonné d'entendre dire que ce sont des noms.

Il me semble que si on déroge à la règle générale, en mettant l'article avant un nom précédé de *bien*, adverbe mis pour *beaucoup*, c'est pour le distinguer du mot *bien* substantif. On dit *un bien de ville, un bien de campagne* : dans ce cas le mot *bien* est un nom ; mais on dit ces *diamans ont* bien de *l'éclat ; il a* bien de la *peine*, etc. ; pour signifier *beaucoup d'éclat, beaucoup de peine, un grand éclat, une grande peine*. Si on supprimait l'article en disant : *il a bien d'éclat, bien de peine*, alors la phrase perdrait de sa clarté ; on pourrait prendre le mot *bien* pour un nom, et demander ce que c'est qu'*un bien d'éclat*, *un bien de peine*.

Voilà, je crois, la raison la plus recevable qu'on puisse donner de l'emploi de l'article avant un nom précédé du mot *bien*, adverbe mis pour *beaucoup*.

Manière de désigner sans équivoque une Province, une Ile, un Royaume, et leurs Capitales ayant le même nom.

On est dans l'usage de dire *Valence*, *Rhodes*, *Naples*, *Venise*, etc., pour désigner la province de Valence, l'île de Rhodes, le royaume de Naples, la république de Venise, etc.

Il me semble qu'en parlant de la province, de l'île ou du royaume, il vaut mieux dire : *la Province de Valence*, *l'Ile de Rhodes*, *le Royaume de Naples*, *la République de Venise* ; et dire : *Naples*, *Rhodes*, *Venise*, ou *la ville de Naples*, *de Rhodes*, *de Venise*, quand on ne veut parler que de la ville.

Par exemple : quand on dit, *on a pris Malte*, *Naples*, etc ; est-ce seulement la ville de Malte, la ville de Naples, ou veut-on parler de l'île de Malte et du royaume de Naples ! Certainement on peut s'être emparé de la capitale, sans avoir soumis tout le pays qui est sous sa domination, sur-tout quand il s'agit d'un royaume. Ainsi lorsqu'on ne parle que de la ville, il convient de dire : *Les ennemis se sont emparés de Naples,* ou *de la ville de Naples ;* et si on veut parler du pays qui est sous la dépendance de la capitale, il faut dire, *les ennemis se sont emparés du Royaume,* ou *d'une partie du Royaume de Naples, de la Province ;* etc.

De la répétition de l'Article avant les Adjectifs qui précèdent les Substantifs.

Il ne faut répéter l'article avant les adjectifs qui précèdent les substantifs, que lorsque ces adjectifs expriment des qualités opposées, et supposent un substantif sous-entendu.

Après avoir dit que l'article se répète avant chaque substantif, M. de Wailly ajoute, « 2°. avant les adjectifs qui précédent le subs- » tantif, sur-tout lorsqu'ils expriment des » qualités opposées : Les *vieux* et les *nou-* » *veaux soldats firent également bien leur* » *devoir ;* les *grands* et les *vastes projets,* » *joints* à la *prompte* et à la *sage exécu-* » *tion, font le grand ministre.*

« On peut dire aussi : *Les grands et vastes* » *projets, joints à la prompte et sage exé-*

» *cution, font le grand ministre* (GIRARD),
» parce que les adjectifs n'expriment point
« des qualités opposées. »

Il me semble que M. de Wailly n'a fait que
tolérer ce qu'il aurait dû mettre en principe, et qu'il a renfermé dans le principe
qu'il a posé, ce qu'il n'aurait dû tout au
plus que tolérer.

Quand on dit *les vieux* et les *nouveaux
soldats*, etc. on veut parler de deux classes
tout-à-fait différentes, savoir de celle des
vieux soldats et de celle des nouveaux soldats ; alors on doit répéter l'article, parce
que les adjectifs *vieux* et *nouveaux* expriment des qualités entièrement opposées,
et supposent un second substantif sous-entendu : mais quand on dit qu'un projet est
grand et vaste, il est clair qu'on ne veut
parler, et qu'on ne parle effectivement que
d'un seul projet. On veut d'abord faire connaître que ce projet est hardi, qu'il est utile,
qu'il est bien conçu, et qu'il prouve le génie
de son auteur ; et en second lieu, que ce
projet renferme différentes vues, différens
changemens ou améliorations, et divers
moyens de les réaliser qui s'accordent parfaitement et doivent conjointement concourir
à son exécution. On ne peut point dire que
ces deux adjectifs expriment des qualités op-

posées , puisque tous ces avantages sont de l'essence d'un projet qui mérite le titre de *grand*, et que cet adjectif seul signifierait tout cela. Par conséquent , si on veut que le substantif soit précédé de ces deux qualifications, et en général , quand un substantif est précédé de plusieurs adjectifs qui n'expriment point des qualités opposées , et ne supposent pas un autre substantif sous-entendu , il ne faut pas répéter l'article qui ne doit l'être que dans le cas contraire.

Ainsi , on dira , en répétant l'article : *Les anciens et* les *nouveaux soldats ; le grand et* le *petit théâtre ; les bons et* les *mauvais succès ;* etc. ; et sans répéter l'article : *La grande et belle statue ;* la *vaste et magnifique salle ;* le *grand et vaste projet ,* etc. , et non pas la *grande et* la *belle statue ,* etc. ; ce qui pourrait faire croire qu'on veut parler de deux statues , dont l'une est d'une grande taille , sans être belle , et l'autre est d'un travail achevé , mais d'une taille petite ou moyenne ; qu'on veut également parler de deux salles , etc. On dira de même au pluriel : *Les grandes et belles statues ; les grands et vastes projets ,* etc ; parce que , quoiqu'il y en ait plusieurs , on veut marquer que chacune des statues réunit la perfection du travail à la hauteur de la taille , que chacun des projets , etc.

Procurer le bien des autres.

Il n'y a rien de plus infamant que l'ava-
rice , sur-tout pour ceux qui sont constitués
en dignité , et chargés de *procurer le bien
des autres.*

Il me semble qu'il y a une faute dans cette
phrase et qu'au lieu de ces mots *de procurer
le bien des autres*, il faudrait *de procurer
le bien* ou *le bonheur aux autres*, ou *de
faire le bien* ou *le bonheur des autres*,
ou enfin *de secourir les autres*. C'est bien
là l'idée de M. Rollin ; mais la phrase présente un sens tout opposé. Il y a certainement
une grande différence entre *procurer l'argent à Pierre* , et *procurer l'argent de
Pierre*. Dans le premier cas, Pierre reçoit
de l'argent ; et dans le second cas , c'est
un autre individu qui reçoit l'argent qui appartient à Pierre.

Tout éclairés qu'ils sont , *signifient etc.*

M. de Wailly s'exprime ainsi : « *Tout éclai-
» rés qu'ils sont*, signifient etc ; *elle est tout
» comme les autres*, signifient , etc. » Il
me semble qu'il aurait dû dire *signifie* , en
se servant du singulier. Cette réunion de
mots, cette citation forment un seul et même
tout , une sorte de substantif qui se trouve

sujet du verbe ; or, tout substantif étant de sa nature au singulier , lorsqu'il n'est pas précédé d'un article ou d'un pronom qui marque le pluriel , le verbe doit aussi être au singulier. C'est d'ailleurs comme si on disait : *l'expression* tout éclairés qu'ils sont, si-*gnifie* , etc. ; pour que le verbe *signifier* fût employé au plurier, il faudrait dire : *les mots* , tout éclairés qu'ils sont, *signifient,* etc. ; alors le sujet du verbe serait le substantif *mots* , qui étant au pluriel , exigerait que le verbe y fût également.

Toutes consolées pour *entièrement con-solées.*

M. de Wailly fait une réflexion qui doit paraître infiniment juste. Il s'exprime ainsi :
« *tout* mis pour *entièrement* , ne devrait
» prendre ni genre ni nombre , comme les
» autres adjectifs pris adverbialement , et
» de même qu'on dit *elle chante faux,*
» *elles parlent haut,* etc. ; on dirait aussi,
» *elle est* tout *consolée ; elles sont* tout *con-*
» *solées ;* on éviterait par là une équivoque.
» Ces mots, *elles sont* toutes *consolées ,*
» peuvent signifier , ou que toutes les per-
» sonnes dont on parle , sont consolées , ou
» bien que ces personnes sont entièrement
» consolées, ce qui fait deux sens diffé-
» rens. »

Le sens de la phrase n'est point équivoque, lorsque l'adjectif féminin qui commence par une consonne, se trouve au singulier. Quand on dit : *cette bourse est* toute *vide; cette femme est* toute *consolée;* cela ne peut signifier autre chose, sinon que la bourse est entièrement vide, que la femme est entièrement consolée; mais lorsque l'adjectif féminin est au pluriel, il est impossible qu'il n'y ait pas lieu à une équivoque, et il me semble ainsi qu'à M. de Wailly, que *tout* ne devrait prendre ni genre ni nombre avant l'adjectif féminin pluriel.

Nu.

On dit *nu-pieds*, *nu-jambes*, au pluriel; mais on ne dit pas au singulier *nu-pied*, *nu-jambe;* il faut dire *pied-nu*, *jambe-nue.*

Du Verbe avec le collectif partitif.

M. de Wailly se borne à dire : « Le » verbe pris impersonnellement, reste tou- » jours au singulier, quoiqu'il ait pour sujet » un collectif partitif. »

On pourrait en conclure qu'en général tout collectif partitif régit le pluriel, excepté lorsqu'il est sujet d'un verbe impersonnel, ce qui est faux; car lorsque le collectif partitif est suivi d'un singulier, l'adjectif, le pronom et le verbe s'accordent avec ce singulier. M. de Wailly devait dire : *Quoiqu'il ait pour sujet un collectif partitif suivi d'un pluriel.* Il est bien vrai que lorsque *la plupart* se dit absolument, il demande après lui le pluriel ; *la plupart prétendent, sont d'avis, etc.* ; mais alors les mots *des hommes, des femmes, etc.* sont sous-entendus ; c'est comme si l'on disait, *la plupart des hommes, des femmes, sont d'avis, etc ;* le collectif partitif ne demande le pluriel que lorsqu'il est suivi de la préposition *de,* et d'un pluriel.

Substantifs sujets, unis par la conjonction et.

M. de Wailly s'exprime ainsi : « On » peut employer le singulier, quoique les » substantifs singuliers soient unis par la » conjonction *et.* L'indifférence *et* la ré- » signation dont nous venons de parler, » *se doit* étendre à tous les emplois, etc. Régnier.

» Leur inquiétude *et* leur chagrin *est* » l'effet de la peine du péché ». *Devoirs de la vie monastique.*

» Sa piété *et* sa droiture lui *attirait* ce respect. Bossuet.

» Je préférerais le pluriel dans ces exem-
» ples. »

M. de Wailly a raison de préférer le
pluriel, et il me semble qu'on doit l'employer toutes les fois que les substantifs
sujets sont unis par la conjontion *et*. Cette
conjonction suffit pour prouver qu'ils ne
sont pas synonymes ; car les synonymes ne
peuvent pas être unis par une conjonction.
Ces substantifs sont l'un et l'autre essen-
tiellement sujets du verbe, et ils exigent
qu'il soit au pluriel. Ainsi, on doit dire :
L'un et l'autre sont bons ; *le menteur et
le flatteur* sont *également* méprisables ; *l'un
et l'autre* font un très-mauvais usage du
don de la parole.

Du verbe placé avant plusieurs substantifs singuliers.

Suivant M. de Wailly, quand on place
le verbe avant plusieurs substantifs singu-
liérs, on peut le mettre au singulier. Exemple : *Il lui représentait l'accablement où le
mettrait une famille nombreuse, un procès,
une méchante affaire.* Bouhours.

Il faut observer que M. de Wailly dit
on peut, et non pas *on doit*, et qu'il ne
fait que tolérer cet emploi du singulier qui
me paraît vicieux. Si le verbe était placé

après les substantifs, comme ils ne sont point synonymes, il faudrait qu'ils fussent au pluriel; or, l'inversion faite par Bouhours ne peut pas être une raison suffisante pour mettre le verbe au singulier.

Sur une phrase de Bouhours.

Ses parens et ses amis qui lui devaient la vie, à qui il avait donné des royaumes, lui avaient ravi l'un et l'autre. Bouhours. Dans cette phrase et dans toutes celles qui lui ressemblent, il faut placer la conjonction *et* avant les mots *à qui*, pour éviter une équivoque. On ne peut pas raisonnablement dire qu'il y en ait une dans cette phrase, parce qu'il est trop évident que c'est aux parens et aux amis que les royaumes avaient été donnés; mais dans la phrase suivante : *Son ami qui lui devait un royaume, à qui il avait prodigué ses bienfaits, le paya de la plus noire ingratitude.* L'absence de la conjonction *et* avant les mots *à qui*, donne lieu à une équivoque; on ne voit pas clairement si c'est à l'ami, ou aux peuples qui habitent le royaume, que les bienfaits avaient été prodigués.

Je suis plus vieux que vous, je suis plus vieille que vous, etc.

M. de Wailly, en parlant de Vaugelas,

s'exprime ainsi : « Vaugelas prétend qu'un
» homme ne pouvait pas dire à une femme :
» *Je suis plus vieux que vous, je suis moins*
« *grand que vous* ; ni une femme à un
» homme : *Je suis plus petite que vous, je*
» *serai plutôt revenue que vous* ; parce que
» *vieux* et *grand* masculins ne peuvent
» s'appliquer à la femme, et que *petite* et
» *revenue* féminins ne peuvent s'appliquer
» à l'homme ; mais ces expressions sont
» tout-à-fait usitées aujourd'hui. »

J'observerai, 1°. que M. de Wailly suppose
que ces expressions n'ont pas toujours été
usitées ; 2°. qu'il ne dit pas pourquoi elles
le sont aujourd'hui.

On peut dire : *Mon âge est moins avancé*
que le vôtre ; *ma taille est moins grande*
ou *plus petite que la vôtre* ; *mon retour sera*
plus prompt ou *plus accéléré que le vôtre.*
Il est certain que cette manière de parler
convient également à l'homme et à la femme ;
mais les autres expressions ont toujours dû
être en usage, parce qu'elles sont bonnes
et très-correctes. Dans les deux premières
phrases, *vieux* et *grand* masculins ne s'ap-
pliquent pas à la femme, ils se rapportent
à *je*, sujet qui est du genre masculin, et
on sous-entend après *vous*, les mots *n'êtes*
vieille, n'êtes grande ; c'est comme si on

disait : *Je suis plus vieux que vous n'êtes vieille ; je suis moins grand que vous n'êtes grande.*

Même observation sur les deux phrases suivantes.

Répétition des substantifs avant les adjectifs qui ne peuvent pas être employés substantivement.

M. de Wailly s'exprime ainsi : « Faut-il dire : *C'est également la coutume des peuples les plus barbares et des plus civilivisés, d'avoir un cérémonial pour les actions publiques ?* Je crois avec M. Girard que c'est ainsi qu'il faut parler. L'opposition qu'il y a entre *barbares* et *civilisés*, fait qu'avant *des plus civilisés*, on sous-entend le pronom *celle.* C'est également la coutume des peuples les plus barbares et *celle* des plus civilisés, d'avoir, etc. Je préférerais même cette dernière phrase à la première. Nous dirions de même au positif : *C'est également la coutume des peuples barbares et des civilisés d'avoir*, etc. Pourquoi ? C'est qu'on répète les prépositions et l'article avant les substantifs et les adjectifs qui expriment des choses ou des qualités opposées. »

Je suis parfaitement d'accord avec MM. de Wailly et Girard sur la répétition de la préposition et de l'article dans cette phrase et dans toutes celles qui lui ressemblent. Je préfère, ainsi que M. de Wailly, la dernière phrase à la première, parce que cette dernière est claire ; au lieu que ces mots *la coutume des peuples les plus barbares et des plus civilisés*, ont quelque chose de louche, et ne représentent pas l'idée de l'auteur avec cette clarté qui doit régner dans tous les écrits ; mais je crois pouvoir avancer que ces deux phrases sont vicieuses. On doit répéter le mot *peuples* avant l'adjectif *civilisés*, qui ne peut être employé substantivement. On dit bien *un barbare, des barbares*, mais on ne peut pas dire *un civilisé, des civilisés*. On peut par conséquent dire *la coutume des barbares* ou *des peuples barbares*, mais on ne peut pas dire, *la coutume des civilisés*. On pourrait éviter la répétition du mot *peuples*, ou l'emploi de deux substantifs, en disant : *C'est également la coutume des peuples les plus civilisés et celle des plus barbares, d'avoir, etc.* Mais si on veut conserver l'ordre adopté par MM. Girard et de Wailly, il faut employer deux substantifs, et dire : *C'est également la coutume* des peuples

les plus barbares et celle des peuples *les plus civilisés*, ou *des* nations *les plus civilisées*, *d'avoir, etc.* On dira de même au positif : *C'est également la coutume des* peuples *barbares et celle des* peuples *civilisés*, ou *des* nations *civilisées, d'avoir, etc.*

Verte jeunesse.

Suivant M. de Wailly et le dictionnaire de l'Académie, on dit au figuré *une verte jeunesse*, pour signifier les premiers temps de la jeunesse ; il me semble plus convenable de dire dans ce sens, *un âge tendre, l'âge le plus tendre ; le printemps de la vie ; l'aurore de la vie ; ce jeune homme est encore dans* un âge tendre ; *il est dans* l'âge le plus tendre ; *il est encore* au printemps de sa vie ; *la jeune Hortense est encore* au printemps de sa vie, *elle est encore* à son aurore ; mais il conviendrait mieux de dire au figuré *une verte jeunesse*, pour exprimer la fougue de la jeunesse et la violence des passions qui l'accompagnent. *Ce jeune homme* a une verte jeunesse ; *il est violent ; il est dissipateur ; il ne fait que des extravagances.*

Fausse application de principe.

Après avoir dit qu'il ne faut pas donner

nn régime à un adjectif qui ne doit pas en avoir, M. de Wailly donne pour exemple la phrase suivante de Balzac : *Ils connaissent la noblesse de leur naturel, qui est* impatient du joug et de la contrainte. **M.** de Wailly observe avec raison, que l'adjectif *impatient* ne régit pas de substantif; mais qu'il peut régir un verbe, et que l'on *dit impatient de se venger.*

Il cite ensuite la phrase suivante, qui est mieux adaptée au principe posé : *Guillaume, prince d'Orange, était doux, affable, populaire, et en même temps* ambitieux *d'autorité. Ambitieux* ne doit point avoir de régime.

M. de Wailly devait, à ce qu'il me semble, présenter dans la première phrase citée, le principe suivant : *Il ne faut pas donner à un adjectif un régime qui ne lui convient pas.* Cette première phrase servirait parfaitement d'exemple à ce principe :

On commence à six heures précises.

Il semble, dit M. de Wailly, que les mots *heures* et *précises* devraient être au singulier, puisque *six* est employé pour *sixième* : On commence *à la sixième heure.*

Ce raisonnement paraît séduisant ; mais

il n'est pas juste. L'adjectif de quantité n'est jamais placé après le substantif, que pour dater les années, ou après les noms de princes, et alors il change de nature : il prend le caractère d'adjectif d'ordre, et en cette qualité, il ne multiplie point le substantif, et ne le représente point comme une réunion de plusieurs parties d'un tout. Ainsi, quand on dit *l'an sept cent quarante*, ou *la sept cent quarantième année ; Henri quatre ; Charles cinq ; le deuxième homme ; le quatrième cheval ; la sixième heure*, on ne désigne évidemment qu'une seule année, un seul Henri, un seul Charles, un seul homme, un seul cheval, une seule heure ; voilà pourquoi le substantif se trouve au singulier : mais tous les adjectifs de quantité, excepté *un*, placés avant le substantif, le multiplient et font connaître qu'on entend parler de plusieurs personnes ou de plusieurs choses. Ainsi, quand on dit *deux hommes, quatre chevaux, six heures*, on parle évidemment de plusieurs hommes, de plusieurs chevaux, de plusieurs heures, et alors ces substantifs doivent être au pluriel. *On commencera à six heures, précises,* signifie : On commencera lorsqu'il y aura six heures d'écoulées, lorsque plusieurs heures au nombre de six seront écoulées.

Est-ce là lui ? Est-ce là elle ?

M. de Wailly s'exprime ainsi : « Je crois
» qu'après avoir parlé d'une chose inanimée,
» d'un livre, d'une tabatière, d'un couteau,
» etc. On peut dire, *est-ce là lui, est-ce là*
» *elle ?* et qu'on peut répondre *c'est lui, c'est*
» *lui-même ; c'est elle, c'est elle-même.*
» En ce cas, on dit aussi : *Est-ce là votre*
» *livre ? oui, ce l'est. Est-ce là votre ta-*
» *batière ? oui, ce l'est. Sont-ce là vos*
» *livres ? oui, ce les sont.*

Il me semble qu'on ne doit interroger
qu'en disant : *Est-ce là votre livre ? Est-*
ce là votre tabatière ? Sont-ce-là vos livres ?
et qu'on ne doit pas dire : *Est-ce là lui ?*
Est-ce là elle ? etc. ; là lui produit un effet
désagréable et me paraît d'un mauvais goût ;
mais je pense comme M. de Wailly, qu'on
peut répondre : *Ce l'est* ou *ce les sont,*
parce qu'on peut considérer *le*, *la* et *les*
comme des articles après lesquels on sous-
entend les mots *mien, mienne, miens,*
miennes. C'est comme si on répondait : *Oui,*
c'est le mien, c'est la mienne ; ce sont
les miens ou les miennes.

Le pardon des ennemis.

M. de Wailly cite la phrase suivante, sur
laquelle il ne fait pas d'observation.

Le pardon des ennemis ne consiste pas seulement à ne leur nuire ni dans leur réputation, ni dans leurs biens, il faut encore, etc.

On dit bien : *Le pardon des injures, des offenses,* parce que les injures, les offenses sont des choses qu'on pardonne. On dit : *Pardonner les injures, les offenses ;* mais on ne dit pas *pardonner quelqu'un,* on dit *pardonner à quelqu'un.* Ainsi, il me semble que dans cette phrase, au lieu de dire : *Le pardon des ennemis,* il vaut mieux dire : *Le pardon qu'on accorde aux ennemis.*

Une conduite qui ne peut s'excuser.

Quitter les mœurs *à qui* l'on doit ses victoires, pour prendre celle des vaincus, c'est une conduite qui *ne peut s'excuser.* ROLLIN.

M. de Wailly observe avec raison, qu'au lieu des mots *à qui*, il faut *auxquelles ;* mais il me semble qu'il vaut mieux dire : *C'est une conduite qu'on ne peut excuser.* On s'excuse, on excuse quelqu'un, on excuse une faute ; mais une faute ne s'excuse pas elle-même. Le dictionnaire de l'Académie, en parlant des différentes acceptions du verbe réfléchi *s'excuser,* ne l'emploie point dans ce sens.

Faire quelque chose par prières.

On ne saurait assez estimer les Juges, qui toujours guidés par l'équité, ne font jamais rien par faveur ni par prières. De Wailly.

On dit bien : *Faire quelque chose par faveur*, c'est-à-dire, *favoriser quelqu'un.* On dira par exemple : *On lui a accordé cette place par faveur ;* ce qui signifie, on l'a préféré à un autre, on lui a accordé cette place préférablement à un autre individu qui était plus capable que lui de la remplir, qui la méritait mieux que lui. On dit aussi : Faire quelque chose *par pitié, par égard, par commisération pour quelqu'un ;* mais il me semble qu'on ne doit pas dire : *Faire quelque chose par prières; accorder quelque chose par prières ; ne rien faire par prières.* Il faut dire : *Céder aux instances, aux prières de quelqu'un ; résister aux instances, aux prières de quelqu'un.* La phrase citée par M. de Wailly serait, je crois, plus correcte, si on eût dit : *On ne saurait assez estimer les Juges, qui toujours guidés par l'équité, ne font rien par faveur, et qui savent résister aux sollicitations et aux prières.*

La chose du monde la plus difficile.

La perfection chrétienne consiste à s'hu-

milier, qui est la chose du monde *la plus difficile à l'homme.*

Je pense, ainsi que M. de Wailly, qu'il vaut mieux dire : *La perfection chrétienne consiste à s'humilier,* et c'est *la chose du monde la plus difficile à l'homme.* Mais il me semble que les mots *du monde* ne servent à rien dans cette phrase, n'ajoutent aucune force à l'idée, et qu'ils font un mauvais effet. Je préférerais dire : *Et c'est sans contredit la chose la plus difficile à l'homme;* ce qui signifie : *Personne ne peut nier que ce ne soit la chose la plus difficile à l'homme.* Ici les mots *sans contredit* servent à affirmer avec plus de force. Cette expression, *la chose du monde,* est reçue dans la conversation; mais je crois qu'un bon écrivain ne doit pas en faire usage.

De la façon que j'ai dit, que j'ai parlé.

M. de Wailly s'exprime ainsi : « On dira :
» *De la façon que j'ai dit* ou *que j'ai*
» *parlé,* on a dû m'entendre ; et non pas :
» *De la façon que j'ai dite* ou *j'ai parlée* ;
» parce que dans ces sortes de phrases, le
» *que* n'est pas régime simple ; il est mis
» pour une préposition, et *lequel, laquelle,*
» *etc.* ; ou, selon d'autres, c'est une con-

» jonction qui lie *de la façon* avec *j'ai*
» *dit*, *j'ai parlé.* »

1°. M. de Wailly paraît conclure que si on pouvait dire, *de la façon que j'ai dite*, on pourrait également dire, *de la façon que j'ai parlé*, ce qui est une conséquence fausse. Quand, dans la première phrase, le *que* serait régime simple, ce ne serait pas une raison de le rendre régime simple dans la seconde phrase, comme le fait M. de Wailly. *Dire* est un verbe actif qui est dans le cas d'avoir un régime simple, et on dit fort bien : *La chose que j'ai dite*, *dire quelque chose*; mais le verbe *parler* ne peut avoir de régime simple. On ne dit pas *parler quelque chose*, mais bien *parler de quelque chose*, *de quelqu'un.*

Ce qui prouve, comme l'observe M. de Wailly, que le *que* n'est pas ici régime simple, c'est qu'on peut joindre un régime simple au verbe dire : *De la façon que j'ai dit* les choses, *on a dû m'entendre*; et il est reconnu qu'un verbe actif ne peut avoir deux régimes simples. Le *que* ne peut pas non-plus être régime simple du verbe *parler*, puisque nous venons de dire qu'il ne peut avoir qu'un régime composé.

2°. Dans ces phrases, le *que* ne peut pas être une conjonction, et il est étonnant que quelques auteurs l'aient considéré comme tel. *De façon que*, *de manière que*, *ensorte que*, *etc.* sont des conjonctions ; mais on ne peut pas regarder comme conjonctions les expressions : *De la façon que*, *de la manière que*, *etc.* qui se rendent différemment en latin. Ce qui établit cette différence, c'est l'article qui se trouve avant les mots *façon* et *manière*, et qui les rend substantifs ; or, il est reconnu que le *que* qui suit un substantif ne peut pas être une conjonction, et qu'il est toujours pronom relatif.

3º. Lorsque le verbe *dire* signifie *parler*, *s'énoncer*, *s'expliquer*, alors le *que* n'est pas régime simple, comme on vient de le voir dans la phrase précédente ; mais lorsque le verbe *dire* signifie *indiquer*, *désigner*, *ordonner*, *prescrire*, alors le *que* est régime simple, et on doit dire : *que j'ai dite*, et non pas *que j'ai dit*. Exemple : pour réussir, il faut s'y prendre de la manière *que j'ai dite*, *que j'ai indiquée*, *que j'ai prescrite*. Dans ces sortes de cas, il faut employer les verbes *indiquer*, *désigner*, *prescrire*, plutôt que le verbe *dire*.

La profanation que font ces personnes de leur caractère.

« Le Concile marqua en particulier com-

» bien il condamnait la profanation *que font*
» *ces personnes de leur caractère, etc.* ,

Dans cette phrase, citée par M. de Wailly,
il vaut mieux dire : *La profanation que
ces personnes font de leur caractère.* L'inversion qu'on s'est permise, ne me paraît
pas heureuse.

Sur l'emploi des substantifs après dont.

Il faut éviter d'employer après *dont,* un
ou plusieurs substantifs pris dans un sens
général, du moins par l'expression. Ainsi,
au lieu de dire : *Cette femme* dont la beauté
égalait l'esprit ; il vaut mieux dire : *Cette
femme qui n'avait pas moins de beauté que
d'esprit, ou qui avait autant de beauté que
d'esprit.*

Monosyllabes et mots de même mesure.

Il faut éviter d'employer de suite plusieurs
monosyllabes, plusieurs mots de même mesure, ou qui commencent par la même
consonne : rien ne contribue plus à répandre
dans la phrase une monotonie fatigante.

La phrase suivante, citée par M. de
Wailly, a ce défaut :

*Il n'y a rien dont Dieu ne soit l'au-
teur.* Excepté le dernier mot, cette phrase
ne renferme que des monosyllabes. Les mots
dont Dieu qui commencent l'un et l'autre

(47)

par un *d*, rendent la prononciation dure, et désagréable à l'oreille. On pourrait facilement éviter ces deux inconvéniens, en remplaçant le mot *Dieu* par les mots *l'Être suprême. Il n'y a rien dont l'Être suprême ne soit l'auteur*, ou *il n'existe rien dont l'Être suprême ne soit l'auteur.* Cette dernière phrase me paraît meilleure.

M'y.

M'y ne peut être employé après le verbe qui régit le pronom personnel; il faut, dans ce cas, que le pronom personnel soit placé après le relatif y. On ne doit pas dire : *Votre carosse n'est pas entièrement occupé, donnez-m'y place*; il faut dire : *Donnez-y moi place.* Ce qui rend barbare *Donnez-m'y place*, c'est que *m'y* est placé après le verbe; mais on doit dire : *Je vais à la campagne, voulez-vous* m'y *accompagner?* Parce qu'alors le pronom personnel *me* se trouve placé avant le verbe *accompagner* dont il est le régime.

Avec la satisfaction que l'on doit recevoir cet honneur.

J'ai reçu votre lettre avec toute la satisfaction *que* l'on doit recevoir cet honneur. Voiture.

M. de Wailly se borne à dire que le *que*

est ici pour *avec laquelle* : il me semble qu'il aurait dû dire que cette phrase ainsi construite est vicieuse, et que le *que* doit être remplacé par les mots *avec laquelle*, parce qu'il y a lieu à une équivoque, et que le *que* peut être pris pour un régime simple, tandis qu'il ne l'est pas. Il faudrait donc dire : *Avec toute la satisfaction avec laquelle on doit recevoir cet honneur;* mais pour éviter la répétition vicieuse de la préposition *avec*, il vaut mieux rendre le *que* régime simple, et dire : *J'ai reçu votre lettre avec toute la satisfaction que doit procurer un tel honneur.*

Faut-il dire si on *ou* si l'on, et on *ou* et l'on ?

Suivant M. de Wailly, on doit préférer *l'on* à *on* après la conjonction *si* et la conjontion *et.* Exemple : *si l'on* savait borner ses desirs, on s'épargnerait bien des maux, et l'on se procurerait beaucoup de bien. Plusieurs bons auteurs écrivent ainsi.

L'Académie n'est point d'avis qu'on dise *si l'on, et l'on,* plutôt que *si on, et on.* Il lui semble même qu'il y a quelque chose de trop affecté à dire toujours *si l'on, et l'on.* On doit donc dire : *Si on* savait borner ses desirs, on s'épargnerait bien des maux, *et on* se procurerait beaucoup de bien.

Il me semble que ce qui a déterminé le jugement de l'Académie, c'est la nécessité d'employer *on*, et non pas *l'on*, quand le pronom *on* doit être suivi de *le*, *la*, *les* ou *lui*. On doit dire : *Si on la laissait faire*, et *on la lira* ; *si on lui savait*, *si on lui* soupçonnait tant de richesses, etc. et *on lui* procurerait, etc. ; et non pas : *Si l'on la laissait faire*, et *l'on la lira* ; *si l'on lui savait*, *si l'on lui* soupçonnait, etc., *et l'on lui* procurerait, etc., ce qui produirait un effet très-désagréable. Or, puisque les expressions *si on la laissait faire*; *et on la lira* ; *si on lui savait*, *si on lui soupçonnait*, *etc.*, *et on lui procurerait*, *etc.*, n'on rien de dur, et qu'elles sont même les seules autorisées, on doit dire également bien : *Si on laissait*, et *on lira* ; *si on savait*, et *on se procurerait*.

Suivant l'Académie, on dit également bien : *Il faut qu'on sache*, et *il faut que l'on sache* ; mais il faut employer *qu'on*, et *que l'on*, quand le mot qui précède se termine par *que*. Ainsi, il faut dire : *On remarque* qu'on *ne fait jamais ainsi*, et non pas : *Que l'on ne fait*, etc.

On doit, au contraire, employer *que l'on* et non pas *qu'on*, avant les verbes qui commencent par *con*, *com*, ou par une syllabe dont la première est un *c*. Il ne faut pas dire : *Qu'on commence, qu'on conduise, etc. ;* dites *que l'on commence, que l'on conduise, etc.*

On apprend beaucoup plus facilement les choses *que l'on comprend*, que celles *que l'on* ne *comprend* pas.

Il y a des défauts *que l'on cache* soigneuse-ment, et non pas *qu'on cache*.

La faiblesse est un défaut *que l'on corrige* bien difficilement, et non pas *qu'on corrige*.

Au lieu de dire, comme dans cette phrase citée par M. de Wailly : *On ne se per-suade* qu'on connaît assez ses *devoirs, qu'à proportion qu'on les aime moins ;* dites : *On ne se persuade* que l'on connaît suf-fisamment *ses devoirs, etc.* Dans cette phrase le mot *assez*, suivi de *ses*, fait un mauvais effet.

Il faut toujours employer *l'on* après *où* adverbe de lieu, et *ou* conjonction, parce que *où on* est d'une prononciation difficile et fatigante pour ceux qui lisent ou nous écoutent.

Quelqu'un.

Le mot *quelqu'un* peut être employé comme sujet, comme régime simple et comme régime composé, soit au singulier soit au pluriel.

1°. Quand il est sujet singulier, il ne se dit que des personnes ; quand il est sujet pluriel, il se dit des personnes et des choses; mais il ne peut se dire des choses, que lorsqu'il se rapporte à un substantif qui le précède ou qui le suit. Exemples :

Quelqu'un a dit que nous avions gagné la bataille.

Quelques-uns ont assuré, etc. ; j'ai lu les *livres* que vous m'avez envoyés : *quelques-uns* sont moins bien écrits que les autres ; *quelques-uns* des *livres* que vous m'avez envoyés, m'ont fait plaisir.

Dans les deux premières phrases, *quelqu'un* et *quelques-uns* ne peuvent s'entendre que des personnes ; mais dans les deux dernières phrases, *quelques-uns* se rapportent au mot *livres* ; et si on supprimait ce substantif, ces phrases n'auraient plus de clarté, on ne saurait de quoi il s'agit.

2°. Quand le pronom *quelqu'un* est employé au singulier, comme régime simple ou composé, il ne se dit que des personnes, et ne se rapporte point à un substantif ; mais lorsqu'il est au pluriel, il se dit des personnes et des choses, et il se rapporte toujours à un substantif qui le précède, ou qui le suit. Exemples :

Lorsqu'on a eu le malheur de chagriner

(52)

quelqu'un, ou de manquer à *quelqu'un*, il faut chercher à lui faire oublier le déplaisir qu'on lui a causé.

Connaissez-vous ces *artistes?* j'en connais *quelques-uns ;* je connais *quelques-unes* de ces *dames ;* j'ai écrit *à quelques-uns* de mes *amis ; à quelques-unes* de mes *connaissances ;* j'ai lu *quelques-unes* de vos *comédies ;* j'ai répondu à *quelques-unes* de vos *lettres ;* avez-vous invité ces *dames ?* j'en ai invité *quelques-unes ;* avez-vous lu ces *comédies ?* j'en ai lu *quelques-unes.*

Il en est de même, comme on le voit, de *quelques-unes* féminin pluriel ; mais *quelqu'une* singulier féminin ne s'emploie pas bien, ni comme sujet ni comme régime.

Son, sa, ses, ou *leur* après *chacun.*

Première remarque. Suivant M. de Wailly: « Si le verbe n'a point de régime, on peut » employer indifféremment *son, sa, ses,* » ou *leur* après *chacun.* Exemple : *Tous* » *les juges ont opiné,* chacun *selon* leurs » *lumières, ou* ses *lumières.* »

Il me semble que dans cette phrase, il vaut mieux employer *ses* que *leurs,* parce que *ont opiné* signifie *ont donné leur opinion ;* or, d'après les principes même de M. de Wailly, si on s'exprimait ainsi, il faudrait *ses.* On peut dans cette phrase, comme dans beaucoup d'autres semblables, considérer le régime du verbe comme sous-entendu.

Deuxième remarque. Suivant M. de Wailly : « On met au pluriel le pronom » qui doit se trouver après chacun. » On doit nécessairement conclure de ce principe qui n'est suivi d'aucune exception, que le pronom qui se trouve après *chacun*, ne peut jamais être au singulier ; ce qui est faux. Il s'agit donc de faire connaître quand ce pronom doit être au singulier, et quand il doit être au pluriel.

1°. Quand le mot *chacun* est suivi d'une préposition et d'un pronom, il faut mettre ce pronom au singulier, 1°. lorsque le mot *chacun* commence la phrase ; 2°. lorsque ce même mot est précédé d'un verbe impersonnel ; 3°. lorsqu'il n'est point précédé d'un substantif ou d'un pronom auquel le pronom dont il est suivi, doive se rapporter. Exemple : Un égoïste dit : *Chacun pour soi, voilà ma loi ; il faut vivre chacun pour soi ;* un sage dira : *Il ne faut pas vivre chacun pour soi ; on doit toujours chercher à rendre service ; ce qui nuit le plus à la société, c'est l'usage trop commun de vivre chacun pour soi.*

2°. Lorsque le mot *chacun* se trouve

suivi d'une préposition et d'un pronom,
ou d'un pronom et d'un verbe, il faut mettre
ce pronom et ce verbe au pluriel, quand le
mot *chacun* est précédé d'un substantif ou
d'un pronom pluriel, auquel le pronom dont
il est suivi, doit se rapporter. Exemples : *La*
Reine dit elle-même aux députés qu'il
était temps qu'ils s'en retournassent chacun
chez eux. DANIEL.

Les esprits qui ont de la justesse, exa-
minent les choses avec attention, pour en
juger avec connaissance, et ils *les* mettent
chacune dans le rang qu'*elles doivent* tenir. CALLIÈRES.

Nulle.

Suivant M. de Wailly, on peut dire :
nulle de ces dames *n'a été* se promener ;
mais il me semble qu'on doit dire : *aucune*
de ces dames *n'est allée* se promener.

Adjectif d'une seule syllabe, suivi d'un
autre adjectif venant d'un participe, et
précédé de la conjontion et.

Suivant M. de Wailly : « L'harmonie exige
» que les adjectifs d'une seule syllabe soient
» placés avant le substantif, de quelque
» genre que soit ce substantif ».
Ce principe peut être juste, à quelques

exceptions près, lorsque l'adjectif est seul;
ainsi, on dira : *C'est une* belle *personne,*
et non pas *c'est une personne* belle ; mais
lorsque ces mêmes adjectifs sont suivis d'un
adjectif verbal précédé de la conjonction *et,*
alors ces deux adjectifs doivent être placés
après le substantif ; ainsi, on doit dire :
C'est une demoiselle belle et bien faite,
belle et bien élevée *;* et non pas : *C'est une*
belle et bien faite *demoiselle ;* c'est *une*
belle et bien élevée *demoiselle.*

Quel est le pronom qu'on doit employer
après le mot autrui.

M. de Wailly s'exprime ainsi : « Doit-
» on dire : En épousant les intérêts d'au-
» trui, nous ne devons pas épouser *ses* ou
» *leurs* passions. Je n'emploîrais dans cette
» phrase ni *ses* ni *leurs ;* je dirais : *En*
» *épousant les intérêts* d'autrui, *nous ne*
» *devons pas* en *épouser les passions.* Il
» me semble que le mot *autrui* présentant
» quelque chose d'indéterminé, on ne doit
» y faire rapporter ni *son, sa, ses,* ni
» *leur, leurs* en régime simple. »
» Ainsi, au lieu de dire avec M. de
» Callières : *La plupart des hommes s'at-*
» *tachent aux choses extérieures, et re-*
» *prennent avec joie les moindres défauts*

» d'autrui , *sans se soucier d'examiner*
» leurs *bonnes qualités* ; je dirais : *sans*
» *se soucier d'en examiner les bonnes*
» *qualités.*

» Faut-il dire : *Nous reprenons les dé-*
» *fauts* d'autrui , *sans faire attention à*
» *ses ou à* leurs *bonnes qualités. Vous*
» *pouvez épouser les intérêts* d'autrui ; *mais*
» *vous ne devez pas être le panégyriste de*
» ses *crimes, ou de* leurs *crimes.*

» Je crois qu'on peut se servir de *ses*
» ou de *leurs*, 1°. parce qu'ils sont en
» régime composé ; 2°. on peut employer
» *ses* ou *leurs*, parce qu'*autrui* signifie *un*
» *autre*, ou *des autres.* »

La raison la plus déterminante pour M.
de Wailly, d'employer *ses* ou *leurs* dans
ces deux dernières phrases , c'est nécessairement l'impossibilité de se servir du pronom
en avec les mots *faire attention, être le*
panégyriste. Le second motif que donne
M. de Wailly, savoir que le mot *autrui*
signifie *un autre* ou *des autres*, a de quoi
surprendre ; car le mot *autrui* ne peut pas
avoir d'autres significations , et il a la même
dans les phrases précédentes où M. de Wailly
prétend cependant qu'on ne doit se servir
que du pronom *en.*

Il me semble que lorsque le mot *autrui*

se trouve placé dans la première partie d'une phrase pour signifier *un autre*, on ne peut employer que *son, sa, ses,* lorsque le verbe à l'infinitif demande un régime composé, et qu'on peut employer *son, sa, ses,* ou le pronom *en,* lorsque le verbe à l'infinitif demande un régime simple; dans ce dernier cas, c'est le goût seul qui doit fixer le choix de celui qui écrit. Exemples :

Nous remarquons les défauts *d'autrui,* c'est-à-dire *d'un autre,* ou *de notre voisin;* sans faire attention à *ses* bonnes qualités.

Vous pouvez épouser les intérêts *d'autrui;* mais vous ne devez pas être le panégyriste de *ses* crimes. On ne peut pas employer *en* dans ces phrases, parce qu'il faut un régime composé.

Nous observons les défauts *d'autrui,* c'est-à-dire, *d'un autre* ou *de notre voisin,* sans remarquer *ses* bonnes qualités ; ou bien : Mais nous n'*en* remarquons pas les bonnes qualités. Ici on emploie également bien *ses* ou *en,* parce que le verbe demande un régime simple. Si on disait *sans en remarquer,* les deux nasales *sans en* produiraient un mauvais effet. Cela serait beaucoup plus choquant dans là phrase suivante : *Nous entendons parler des défauts d'autrui,* sans en entendre *vanter les bonnes qualités.* Ces mots *sans en entendre*, renferment quatre sons semblables, qui produisent une monotonie très-fatigante.

Il faut dire : *Nous entendons souvent parler des défauts* d'autrui, *sans jamais entendre vanter* ses bonnes qualités.

En épousant les intérêts d'autrui, *nous ne devons pas épouser* ses *passions*, ou *nous ne devons pas* en *épouser les passions.* Dans cette dernière phrase, *en* me paraît préférable. Dans toutes ces phrases, on ne doit pas employer *leurs*, parce qu'il ne doit y être question que d'une seule personne.

Lorsqu'on parle de plusieurs personnes, au lieu de se servir du mot *autrui*, il me semble qu'il vaut mieux employer les mots : *les autres, des autres, aux autres ;* alors dans les phrases où le verbe demandera un régime composé, on se servira de *leurs ;* et dans celles où il demandera un régime simple, le bon goût décidera si on doit employer *leurs* ou *en*. Exemples :

Nous remarquons les défauts des autres, *sans faire attention* à leurs *bonnes qualités ;* nous reprenons *les défauts* des autres *sans remarquer* leurs *bonnes qualités.*

En épousant les intérêts *des autres*, nous ne devons pas *en* épouser les passions.

Vous pouvez épouser les intérêts *des*

autres ; mais vous ne devez pas être le panégyriste de *leurs* crimes.

Ramasser pour *Rassembler.*

M. de Wailly remarque , avec raison ,
que cette phrase de Dom Calmet n'est pas
correcte. *Denis , informé de la marche
d'Héloris , le* surprend *de grand matin ,
avant qu'il* eût pu *ni ramasser , ni ranger
son armée.* Il fallait *avant qu'il ait pu ;*
mais il me semble qu'il aurait pu ajouter
qu'il vaut mieux , dans cette phrase , dire
rassembler que *ramasser.* Ce dernier verbe
s'emploie bien en parlant des choses , et
pour signifier l'action de relever ce qui
est à terre. Ainsi on dit : *Ramasser ses
gants , son chapeau , des papiers , un livre.*
On dit aussi : *Ramasser les cartes ,* pour *re-
joindre ,* assembler des cartes qui sont éparses ;
mais le substantif *armée* est un collectif général qui ne se dit que des personnes ; et
ramasser pour *rassembler ,* ne doit se dire
des personnes qu'en mauvaise part , de même
que *ramas ,* substantif. Ainsi , on dit : *un
ramas de bandits , de vagabonds ;* il a
ramassé tout ce qu'il a pu trouver *de
brigands ;* mais quoique le dictionnaire de
l'Académie dise : *On a ramassé* tout ce qu'on
a pu trouver *de soldats ,* je crois qu'il vaut

mieux dire : *on a rassemblé tout ce qu'on a pu trouver de soldats.* On dit mieux aussi : *rassembler ses troupeaux,* que *ramasser ses troupeaux.*

Trois remarques sur une phrase citée par M. de Wailly.

La reine Elisabeth alla voir le chancelier Bacon dans une maison de campagne qu'il avait fait bâtir avant sa fortune. D'où vient, *lui dit-elle,* que *vous avez fait bâtir une si petite maison? Ce n'est pas moi, madame,* répondit le Chancelier, *qui* ai fait *ma maison trop petite, c'est votre Majesté qui* m'a fait trop grand *pour ma maison.*

'Il me semble, 1°. que *d'où vient que vous avez fait* est une manière de parler commune, dure et désagréable, et qu'il vaut mieux dire : *Pourquoi avez-vous fait bâtir,* etc. L'historien n'a pas été fidèle : la reine Elisabeth s'exprimait surement avec plus de grâce et d'élégance.

2°. On dit *bâtir* et *faire bâtir une maison, un château,* etc. , et au figuré : *Bâtir* ou *faire des châteaux en Espagne ;* mais dans le sens propre , on ne dit pas : *Faire une maison , un château.* Il paraît que l'auteur a cédé au desir de faire un jeu de mots; mais on ne doit jamais sacrifier la pureté du langage, au plaisir de montrer de l'esprit.

3°. On ne dit pas *faire quelqu'un grand, puissant, illustre, etc.* il faut dire, *rendre quelqu'un grand, puissant, illustre.*

Je crois donc qu'il fallait dire : *Pourquoi, lui dit-elle, avez-vous fait bâtir une si petite maison? Ce n'est pas moi, madame,* répondit le Chancelier, *qui ai fait construire une maison trop petite, c'est votre Majesté qui m'a rendu trop grand pour ma maison.*

Cette phrase me paraît plus correcte, et n'en conserve pas moins toute la délicatesse de la réponse de Bacon. La phrase citée ne paraît guère moins ridicule que celle-ci : *Ce n'est pas moi, madame, qui ai bâti une maison trop petite, c'est votre Majesté qui m'a bâti trop grand pour ma maison.*

Sur une phrase de M. de Wailly.

M. de Wailly observe qu'on peut dire : *Mais en quoi Ignace réussit le plus, ce fut à réformer les mœurs des ecclésiastiques.*

Il me semble qu'il vaut mieux rendre la phrase interrogative, et dire : *Mais en quoi Ignace réussit-il le mieux ? Ce fut à réformer les mœurs des ecclésiastiques.*

Devant, derrière, avant, après.

Il me semble que M. de Wailly s'est trompé quand il a dit que *devant* est quelquefois l'opposé *d'après*; et qu'on peut dire : *Mettez ceci* devant *ou* après. L'opposé de la préposition *après* n'est pas la préposition *devant*; mais bien la préposition *avant* : on dit *avant* dîner, *après* dîner, *avant* midi, *après* midi; mais on ne doit pas dire *devant* ou *après* dîner; *devant* ou *après* midi. C'est *derrière* qui est l'opposé de la préposition *devant*, et on dit *devant* ou derrière la maison; *cela doit être* devant *ou* derrière *vous.*

Aussi, si.

M. de Wailly s'est trompé quand il a dit que les adverbes *aussi*, et *si* ne se joignent qu'aux adjectifs et aux verbes passifs. Il aurait dû dire qu'ils se joignent aussi à certains adverbes. On dit fort bien : *Il a administré* aussi prudemment ; *il a combattu* aussi courageusement *qu'il pouvait le faire.* D'ailleurs M. de Wailly lui-même a employé *si* avec un adverbe, lorsqu'il a dit : *Votre frère se conduit* si sagement, *qu'il est aimé de tout le monde.*

Deux remarques sur un vers de Racine.

Plus d'Etats, plus de Rois ; ses sacrilèges mains
Dessous un même *rang, rangent* tous les humains.

M. de Wailly dit qu'il fallait *sous un même rang.* Il me semble, 1°. qu'on ne dit pas *placer plusieurs personnes sous un même rang ;* mais qu'il faut dire *au même rang ;* quand ces mots doivent signifier qu'on ne met aucune distinction entre ces personnes. Ainsi, on dirait en prose : *Placent tous les humains au même rang ;*

2°. Qu'il faut éviter d'employer de suite deux mots qui commencent de même, et qui sont presque semblables, comme *rang* et *rangent.* Cela rend la prononciation difficile, et désagréable à l'oreille. Je crois que RACINE aurait pu dire :

Veulent au même rang placer tous les humains.

DESBARREAUX dit dans son fameux sonnet :

J'adore, en périssant, la raison qui t'aigrit ;
Mais *dessus* quel endroit tombera ton tonnerre,
Qui ne soit tout couvert du sang de Jésus-Christ ?

Il faut *sur* au lieu de *dessus*, ainsi que

l'observé M. de Wailly. J'ajouterai que le *qui* relatif me paraît trop éloigné du substantif auquel il se rapporte, et qu'étant surtout au singulier et au masculin, il donne lieu à une sorte d'équivoque, du moins pour les jeunes-gens. Ce n'est point le tonnerre qui est couvert de sang, c'est l'endroit sur lequel il peut tomber. Il n'y aurait point d'équivoque, si le *qui* relatif était au féminin, et qu'on dît : *Sur quelle place tombera ton tonnerre, qui ne soit couverte,* *etc.;* mais cette tournure serait mauvaise, et il vaudrait mieux dire : *Ton tonnerre pourra-t-il tomber sur une place qui ne soit pas couverte, etc;* ou *sur un lieu qui ne soit pas couvert, etc.* DESBARREAUX aurait peut-être pu dire :

Mais sur quels lieux enfin tombera ton tonnerre,
Sans *les* trouver *couverts* du sang de Jésus-Christ?

ou

Mais, dis-moi, sur quels lieux tombera ton tonnerre,
Qui ne *soient* tout *couverts* du sang de Jésus-Christ?

ici le *qui* relatif est conservé; mais il se trouve au pluriel, et il ne peut plus y avoir d'équivoque.

Les mots *tombera ton tonnerre* se suivent immédiatement, et renferment des syllabes qui ont la même consonnance; mais au lieu de choquer l'oreille, comme les mots *rang* et *rangent* dont nous avons parlé dans la remarque précédente, ils produisent une harmonie imitative qui fait la beauté du vers, et au moyen de laquelle on croit entendre les coups redoublés de la foudre.

Faire des mauvais traitemens.

M. de Wailly cite cette phrase : *Il lui a fait toutes sortes de mauvais traitemens,* hors qu'il ne l'a point battu.

On dit bien *faire une bonne* ou *une mauvaise action ; faire une bonne* ou *une mauvaise réception à quelqu'un ; faire un affront, une injustice à quelqu'un ;* mais on ne dit pas *faire des mauvais traitemens à quelqu'un :* il me semble qu'il eût mieux valu dire : *Il lui a fait éprouver toutes sortes de mauvais traitemens.*

Jusque, jusques.

On écrit quelquefois *jusques* avec une *s* à la fin, pour éviter la rencontre de plusieurs sons semblables qui produiraient un mauvais effet. Ainsi il vaut mieux écrire et dire *jusques à quand,* Catilina, abuserez-vous de notre patience, etc. que, *jusqu'à quand Catilina, etc.;* ces trois sons *qu'à*

quand Ca. . . . . deviendraient très-fatigans.
On dit aussi *jusques au Ciel.*

Être en estime.

M. de Wailly, en parlant des différens usages de la conjonction et de la particule *que*, cite la phrase suivante : *Les grands biens, les dignités, la haute puissance, qui relèvent le mérite des personnes qui sont déjà en estime, ne servent qu'à augmenter la confusion et la honte de* ceux *qui se sont perdus de réputation par leurs désordres.*

Il me semble 1°. que dans cette phrase, au lieu de *qui sont déjà en estime*, il vaut mieux dire, *qui sont déjà estimés;* ou mieux, *qui jouissent déjà de l'estime* publique. *Être en estime* ne me paraît pas être du bon style.

2°. Qu'au lieu de dire *de ceux qui se sont perdus*, il vaut mieux dire *de celles qui se sont perdues, etc.;* car le pronom doit être au même nombre et au même genre que le substantif auquel il se rapporte, ou qu'il représente, et le pronom n'est évidemment employé ici que pour ne pas répéter le mot *personnes.*

On aurait tort de prétendre que le pronom *ceux* remplace le mot *hommes*, qui ne peut convenir dans cette seconde partie de la phrase ; car, dans la première, l'idée morale porte également sur l'homme et sur la femme, le mot *personnes* renfermant les deux sexes : il doit donc en être de même daus la seconde partie de la même phrase.

Sur un vers de Racine, cité par M. de Wailly.

Hélas ! on ne craint point qu'il venge un jour son père,
On craint qu'il *n'essuyât* les larmes de sa mère.

On doit dire : *On craint qu'il n'essuie,* ou bien : *On craindrait qu'il n'essuyât-*

Sur la négative ne.

Toutes les fois que les verbes *craindre, avoir peur, appréhender,* sont suivis de la conjonction *que,* la négation *ne* doit se trouver dans la première ou dans la seconde partie de la phrase. Quand elle se trouve dans la première partie, elle est accompagnée de *pas* ou *point ;* mais lorsqu'elle se trouve dans la seconde partie, elle n'est suivie de *pas* ou *point,* qu'autant qu'on souhaite ou qu'on ne souhaite pas l'action exprimée par le second verbe. Exemples :

Je *ne* crains *pas* qu'il tombe malade ;

je crains qu'il *n'arrive pas*. La négative placée au second membre de la phrase, n'empêche pas qu'elle soit affirmative d'un bout à l'autre.

Sur une phrase citée par M. de Wailly.

M. de Wailly observe avec raison, qu'au lieu de dire : *les honneurs du triomphe, dont personne n'avait encore joui avant lui, lui furent décernés* ; il vaut mieux, pour donner plus de nombre à la phrase, répéter le sujet, et dire : *les honneurs du triomphe lui furent décernés, honneurs dont personne n'avait encore joui avant lui.*

Non-seulement cette dernière phrase a plus de grâce et d'harmonie ; mais M. de Wailly aurait pu observer que la première construction est vicieuse, parce que les deux pronoms *lui* qui se suivent immédiatement, produisent le plus mauvais effet.

De la place des pronoms avec un second
impératif.

M. de Wailly s'exprime ainsi : « *Me, te,*
» *se, nous, vous, le, la, les, leur, y,*
» *en*, peuvent se placer avant un second
» impératif uni au premier par les conjonc-
» tions *et, ou. Laissez votre offrande au*

» *pied de l'autel ; courez appaiser votre*
» *frère* , et vous *réconciliez avec lui.*
BERRUYER.

» Séparez-les , mon père, *et me laissez* mourir. »

Il me semble qu'on ne doit se permettre de placer ainsi le pronom avant un second impératif, que dans la poësie dont les difficultés peuvent quelquefois autoriser cette licence ; mais il faut que ce second impératif n'ait point le même son que l'infinitif du verbe auquel il appartient. Ainsi on dira bien :

Vingt fois sur le métier remettez votre ouvrage ,
Polissez-le sans cesse et *le repolissez.* BOILEAU.

parce que l'impératif *repolissez* n'a pas à la dernière syllabe le même son que l'infinitif *repolir* ; mais dans ce vers :

Séparez-les , mon père , et *me laissez* mourir:

Le second impératif a le même son que l'infinitif présent du verbe auquel il appartient : ce n'est qu'à la lecture qu'on peut se convaincre que le verbe est à l'impératif, et celui qui entend réciter ce vers , a lieu d'être étonné d'y remarquer un infinitif qui ne se rapporte à rien, et que rien ne régit. Je crois que Racine , qui n'était point gêné par la mesure ni par la rime , aurait mieux fait de dire :

Séparez-les, mon père, et *laissez-moi* mourir.

Je crois également qu'il vaut mieux dire : *Courez appaiser votre frère*, et reconciliez-vous *avec lui*; où *courez appaiser votre frère*, et vous reconcilier *avec lui*.

Des pronoms employés avec de ou à, et deux Verbes à l'infinitif.

Lorsqu'après la préposition *de* ou *à*, il se trouve deux verbes à l'infinitif, le pronom qui est le régime simple ou composé du dernier de ces verbes, se place quelquefois après la préposition, et quelquefois entre les deux verbes.

1°. Lorsque le premier verbe demande un régime simple, le second verbe se place immédiatement après lui en cette qualité; et le pronom qui est régi par le second verbe, se place entre la préposition et le premier verbe. Exemples :

Je l'ai prié *de me faire entrer*; je tâcherai *de vous faire nommer* à la place que vous sollicitez; je l'ai engagé *à vous faire nommer*; il craint *de se faire remarquer*; il conviendrait *de le faire entrer*; il serait juste *de lui faire rembourser* les avances qu'il a faites; il a craint *de nous faire attendre*; il serait honnête *de leur faire savoir*, etc., *de les faire avertir*, etc.

Il en est de même lorsque le premier des deux verbes à l'infinitif demande un régime simple, quoiqu'il ne soit pas précédé de la préposition *de* ou *à*. Exemples :

Il a voulu *me faire entrer, vous faire avertir, te faire inviter, se faire nommer*; etc.; il faut *lui faire donner*, etc.; il fallait *les laisser sortir, leur faire savoir*, etc.

2°. Lorsque le premier verbe à l'infinitif est un verbe neutre, on peut placer avant ou après lui le pronom qui est régi par le second infinitif. On dit : Je l'ai engagé *à venir me voir*, ou comme M. de Wailly, *à me venir voir*; je l'ai prié *de venir me prendre* pour aller au spectacle, ou *de me venir prendre*; il m'a promis *d'aller vous voir*, ou *de vous aller voir*, etc.; mais il me semble qu'il vaut mieux placer le pronom après le premier infinitif. Quand le pronom est placé avant le premier verbe, il sépare ce premier infinitif de la préposition qui le régit, et il se trouve lui-même séparé du second infinitif dont il est le régime; au lieu que lorsque le pronom est placé entre les deux verbes, le premier infinitif suit immédiate- ment la préposition dont il est le régime, et le pronom se trouve joint au second verbe qui le régit. Cette construction me paraît plus correcte : d'ailleurs quand je dis, je l'ai engagé *à venir me voir* ; je l'ai prié *de venir me prendre* ; il m'a promis *d'aller vous voir*, etc. ; c'est comme si je disais : je l'ai engagé *à venir pour me voir* ; il m'a promis *d'aller pour vous voir*, etc.

Il en est de même lorsque les deux infinitifs ne sont pas précédés d'une préposition.

Un homme, une femme, un abbé de cour.

Ces expressions s'emploient souvent en mauvaise part, comme l'observe M. de Wailly : mais elles signifient aussi que l'homme, la femme, l'abbé dont on parle, réunissent à un esprit cultivé, une grâce dans les manières et une politesse aisée qu'on ne remarque guères que dans les personnes qui ont toujours fréquenté la bonne compagnie. Ces personnes peuvent fort bien n'avoir jamais paru à la cour ; et cela signifie seulement qu'elles n'y seraient point déplacées.

Les Tribulations où elle les expose.

.....Les derniers sont ceux qui l'écoutent, la méditent, souffrent avec joie les tribulations *où elle les expose.*

M. de Wailly observe avec raison que dans cette phrase, il faut répéter le *qui* relatif, parce que le verbe *souffrent* a pour régime un substantif : mais il me semble qu'on ne dit pas *exposer quelqu'un dans la peine, dans les tribulations, dans un grand danger, dans de cruels reproches,* mais qu'on doit dire *exposer quelqu'un à un grand danger, à de cruels reproches, aux tribulations.* Je crois donc qu'au lieu de, *les tribulations où elle les expose,* il faut dire *les tribulations auxquelles elle les expose.*

De la répétition de la Préposition et du Verbe auxiliaire avant un second Participe.

On répète la préposition et l'auxiliaire avant un second participe, lorsqu'il n'a pas le même régime que le premier. Il ne serait pas correct de dire, avec St.-Réal : *Notre loi ne juge personne sans l'avoir entendu, et examiné ses actions.* Il faut dire : *sans l'avoir entendu, et sans avoir examiné ses actions.* Mais on ne répète ni la préposition ni le verbe auxiliaire, lorsque les deux participes ont le même régime. On dit : *Notre loi ne juge personne* sans l'avoir entendu et examiné.

Sur une Phrase corrigée par M^r. de Wailly.

C'est de Dieu que nous tenons le pain

dont nous nous nourrissons. M. de Wailly observe avec raison que cette phrase est défectueuse , parce que les mots *nous nous nourrissons* renferment trois fois le son *nou*, ce qui produit une monotonie fatigante , mais il ajoute qu'il faut dire : *C'est de Dieu que nous tenons le pain que nous mangeons.*

Il me semble que cette phrase est encore vicieuse , car les mots *tenons* et *mangeons* se terminent par des consonnances semblables. Je crois que pour éviter les défauts qui se trouvent dans ces deux phrases, il vaut mieux dire : *C'est de Dieu que nous tenons notre nourriture.* Cette dernière phrase réunit l'avantage d'éviter la répétition du pronom *nous.*

Sur une autre phrase corrigée par M. de Wailly.

Ayant perdu son père et sa mère au berceau , on *l'avait* confiée à une tante qu'elle *avait* , qui *avait* un fort grand mérite.

Suivant M. de Wailly, il faut dire : *Ayant perdu son père et sa mère au berceau , on l'avait confiée à une tante d'un fort grand mérite.*

Il me semble que cette seconde phrase est encore vicieuse. Un gérondif qui n'est pas précédé de la préposition *en*, doit se rapporter au sujet de la phrase ; et *ayant perdu* ne se rapporte pas au pronom sujet *on*, mais au régime *la*. Je crois qu'il vaut mieux dire : *Comme elle était au berceau quand elle perdit son père et sa mère, on l'avait confiée à une tante d'un fort grand mérite.*

Je place une conjonction motivale au commencement de la phrase, pour ne pas répéter la conjonction *et*, en disant : *et on l'avait confiée*, etc.

Je crois pouvoir encore observer qu'on dit bien qu'un père a perdu *son enfant au berceau*, mais qu'on ne doit pas dire *qu'un enfant a perdu son père au berceau*, et qu'il faut dire *qu'un enfant était au berceau quand il a perdu son père*, ou *ses parens*.

Sur une phrase déjà critiquée par M. de Wailly.

Villius et Sulpicius eurent un entretien avec son ministre, qui se termina à des plaintes réciproques de part et d'autre.

M. de Wailly observe avec raison que les mots *réciproques de part et d'autre* forment un pléonasme : mais il a omis d'ajouter que la construction de cette phrase est mauvaise, et qu'elle en obscurcit le sens. Le substantif *entretien* ne doit point être séparé de son *qui* relatif. Ce ne fut point le Ministre, ce fut l'entretien qui se termina par des plaintes réciproques. Pour que la phrase soit correcte, il faut qu'elle soit ainsi conçue :

Villius et Sulpicius eurent avec son Ministre un entretien qui se termina par des plaintes réciproques.

Prêcher avec le concours et l'admiration du peuple, etc.

Il prêcha durant tout ce saint temps, avec le concours, l'admiration et l'édification de son peuple, qu'il a eu toute sa vie dans ses prédications.

M. de Wailly dit avec raison : « Il fallait » retrancher *qu'il a eu, etc.* parce qu'on » ne dit point *avoir l'édification de son* » *peuple.* Prêcher avec l'édification du » peuple, c'est prêcher de manière que le » peuple en soit édifié; ainsi, *édification* » est ici dans une signification passive; » ces mots *qu'il a eu*, donnent à ce terme » une signification active. »

On dit bien : *Prêcher devant une grande assemblée; prêcher avec éloquence, de manière à exciter l'admiration générale; édifier le peuple par sa modestie et par la pureté de la morale qu'on lui enseigne.* Le dictionnaire de l'Académie dit *prêcher avec édification* ; mais je ne crois pas qu'on puisse dire *prêcher avec le concours du peuple*, *avec l'admiration du peuple*, de même qu'on ne peut pas dire *prêcher avec l'attention du peuple* ; il me semble qu'il aurait mieux valu dire : *Durant tout ce saint temps, le peuple accourut en foule à ses sermons* ; *on ne cessa d'admirer son éloquence, et d'être édifié, comme on l'a été jusqu'à sa mort, par sa noble simplicité et par la pureté de sa morale.*

Un état plus glorieux qu'on n'était auparavant.

Le démon ne vous attaquerait point avec tant de violence, s'il ne vous voyait élevé en un état plus glorieux que vous n'étiez auparavant.

M. de Wailly se borne à dire qu'il faut *à un état*. Je crois pouvoir ajouter une observation sur cette phrase : on dit bien, *être plus élevé en dignité qu'on ne l'était auparavant* ; mais je ne crois pas qu'on puisse dire, *être élevé à un état plus glorieux qu'on n'était auparavant.* Cela fait équivoque, et il semble qu'on veuille dire que l'état est plus glorieux que la personne qui s'y trouve élevée, n'était glorieuse avant d'en jouir. Pour parler correctement il faut dire : *S'il ne vous voyait élevé à un état plus glorieux que celui que vous aviez auparavant.*

Avoir de l'injustice, de la violence.

Tarquin-le-Superbe avait beaucoup d'injustice et de violence, des desseins mal formés et des mesures mal prises.

M. de Wailly se borne à observer qu'on ne dit pas *avoir des mesures mal prises* ; à la vérité, en retournant la phrase, il ne dit plus *Tarquin avait beaucoup d'injustice et de violence* ; mais il semble que ce ne soit que par pure fantaisie qu'il s'exprime autrement. Il aurait dû faire remarquer au lecteur que l'expression employée dans la phrase citée est vicieuse. On dit bien, *être violent, injuste ; agir avec injustice, avec violence* ; mais on ne dit pas bien *avoir de l'injustice, de la violence* ; si on peut se servir de cette dernière expression, ce n'est qu'en y ajoutant une préposition et un substantif, comme dans la phrase suivante : *Il a de la violence dans le caractère* ; encore vaut-il beaucoup mieux dire, *il est d'un caractère violent.* Pour s'exprimer correctement, il faut employer la phrase que M. de Wailly a substituée, et dire : *Tarquin-le-Superbe était in-*

juste, violent, formait mal ses desseins, et prenait mal ses mesures.

Observations sur une phrase déjà corrigée par M. de Wailly.

En traitant des substantifs mal assortis aux verbes, M. de Wailly cite la phrase suivante : *Cette perte leur est* d'autant plus sensible, *qu'elle leur cause* une douleur *qu'il est impossible aux hommes* de consoler. Il se borne à dire que l'on *console une personne,* mais qu'on ne peut qu'*appaiser, flatter, amuser, calmer la douleur.*

A cette observation judicieuse de M. de Wailly, je crois pouvoir ajouter les suivantes :

1°. *Une perte, un malheur, un accident* n'est pas sensible, n'éprouve pas de sensibilité, de chagrin ; mais on est sensible à une perte, à un malheur, et ils causent du chagrin.

2°. Cette phrase renferme un pléonasme : Dire *qu'on est* d'autant plus sensible à *une perte, qu'on en éprouve un vif chagrin,* c'est comme si on disait qu'on y est d'autant plus sensible, qu'on y est très-sensible, ou qu'on en est d'autant plus affligé qu'on en ressent une vive affliction.

3°. Ce n'est pas *d'autant plus,* mais l'adverbe *si* qu'il fallait employer dans cette phrase. Les mots qui suivent *d'autant plus que*, doivent motiver l'adjectif ou le verbe modifié par *d'autant plus*. Ainsi, on dira : *Je suis* d'autant plus étonné *de vous voir*, que je vous croyais en Italie. L'idée de votre séjour en Italie, est le motif de mon étonnement.

Ils sont *d'autant plus sensibles* à cette perte, *qu'ils n'avaient pas lieu de s'y attendre*. Ici la difficulté de se consoler, n'est pas, comme dans la phrase citée, le motif de l'affliction ; elle est l'effet. Je crois donc que, pour s'exprimer correctement, il faut dire : *Ils sont si sensibles à cette perte, qu'ils ne peuvent recevoir de consolation que de Dieu seul*; ou : *La douleur qu'ils ressentent de cette perte est si grande, qu'il est impossible aux hommes de l'adoucir*, ou *que Dieu seul peut l'adoucir*.

Proposer quelque chose pour une vertu.

On lui fait une faiblesse honteuse de ce qui nous est proposé dans le christianisme *pour* la plus grande vertu.

M. de Wailly se borne à observer qu'on dit bien, *faire un mérite* ou *un crime à quelqu'un de quelque chose*; mais que l'usage n'admet pas *faire une faiblesse honteuse.*

Je crois pouvoir ajouter la réflexion suivante. On dit *proposer quelque chose* pour *l'agrément, la commodité, l'avantage, le bonheur de quelqu'un ; citer, regarder quelque chose* comme *une vertu ;* mais il me semble qu'on ne dit pas, *proposer quelque chose* pour *une vertu.* Je crois qu'il faut dire : *On lui reproche comme une faiblesse honteuse ce que le christianisme nous propose* comme *la plus grande vertu,* ou *ce que la religion regarde* comme *la plus grande vertu.* La répétition du mot *comme ,* loin de nuire à la phrase, lui donne de la force.

Il faut éviter de faire de la prose rimée.

La sévérité sied, ce me semble, trèsbien à ceux qui ont l'autorité en main; elle leur donne un certain air de fierté et de frayeur *qui les fait respecter.*

M. de Wailly dit avec raison, que *frayeur* est un terme passif qui signifie la crainte qu'on a, et non pas celle qu'on inspire.

Je crois devoir ajouter, comme je l'ai déjà dit, qu'il faut éviter de placer dans une même phrase deux mots qui riment ensemble, ne fût-ce qu'à l'oreille ; et qu'il n'est pas moins important de ne point construire la prose de manière qu'elle ressemble à des vers. Cette phrase, *la sévérité sied, ce me semble, très-bien à ceux qui ont l'autorité en main, etc.* forme deux vers à la vérité fort mauvais et fort mal rimés. Il me semble qu'il vaut mieux dire :

La sévérité sied très-bien aux dépositaires du pouvoir ; elle leur donne un certain air de fierté, qui inspire la crainte et commande le respect.

Eux-mêmes, pour *elles-mêmes*.

Un si grand exemple a toujours retenu les personnes sages de s'engager par eux-mêmes au ministère des saints autels.

M. de Wailly se borne à dire : « *a retenu* » *de s'engager* n'est pas correct, dites : » *a empêché de s'engager, etc.* »

Je crois devoir ajouter que *personnes* étant un substantif féminin, il faut dire *par elles-mêmes*.

Sur des vers de Corneille déjà critiqués par Voltaire.

Sa faveur me couronne *entrant* dans la carrière ;
Du premier coup de vent il me conduit au port,
Et *sortant* du baptême, il m'envoie à la mort.

M. de Wailly, en parlant des métaphores

trop multipliées, rapporte la réflexion de Voltaire sur ces vers de Corneille.

Je crois pouvoir ajouter qu'il y a une faute dans le premier et dans le troisième vers. Quand le gérondif n'est pas précédé de la préposition *en*, il ne peut être bien employé, qu'autant qu'il se rapporte au sujet de la phrase. Ce n'est point *sa faveur* qui entre dans la carrière, c'est *moi*; ce n'est point *lui* qui sort du baptême, c'est *moi*. Il y a évidemment lieu à une équivoque dans ces deux vers. Il faudrait dire en prose : *Sa faveur me couronne au moment où j'entre dans la carrière; à peine suis-je baptisé, qu'il m'envoie à la mort.*

Régime bien placé le dernier, quoique plus court que celui qui le précède.

En parlant du bon usage des métaphores, M. de Wailly cite la phrase suivante :

Quand on veut faire des réprimandes, il faut prendre quelque détour; il faut envelopper, sous des paroles pleines de tendresse, un avis chagrinant.

S'il est établi en principe que pour l'harmonie de la phrase, le régime le plus court se place le premier, il est également reconnu que pour éviter une équivoque et rendre la phrase plus claire, on donne quelquefois la première place au régime composé, quoi-qu'il soit aussi long, ou même plus long que le régime simple. C'est ce que l'auteur a observé dans cette phrase où le régime simple ferait un mauvais effet, s'il précédait le régime composé. On ne peut pas dire *un avis qui chagrine sous des paroles pleines de tendresse ;* mais il me semble que le régime simple est trop court, et que la phrase se termine sans grâce et sans harmonie. Il vaut mieux dire : *Il faut envelopper, sous des paroles pleines de tendresse, un avis qui peut causer quelque chagrin.*

Parfait défini mal employé.

En parlant des pointes ou jeux de mots, M. de Wailly s'exprime ainsi : « N'imitons » pas non plus celui qui promit de prouver » que Saint Bonaventure *fut* le docteur de » Séraphins, et le Séraphin des docteurs. »

Il me semble qu'on doit regarder comme une faute d'impression le mot *fut* qui se trouve dans cette phrase. D'après les principes généralement reçus, et qui sont adoptés par M. de Wailly, il faut dire : *N'imitons pas non plus celui qui promit de prouver que Saint Bonaventure* avait été *ou* était *le docteur,* etc.

Tout-à-coup, tout d'un coup.

Tout-à-coup, signifie *subitement, sou-dainement, en un moment;* il disparut *tout-à-coup;* ce mal l'a surpris *tout-à-coup.*

Tout d'un coup signifie *tout d'une fois, en même-temps.* Il lui vint deux successions tout d'un coup, c'est-à-dire en même-temps.

Il me semble que M. de Wailly a eu tort de citer dans ce sens cette phrase de Saint-Réal. *Personne ne devient scélérat* tout d'un coup.

Je ne crois pas qu'on puisse dire, *devenir scélérat tout d'une fois, en même-temps;* mais on dira fort bien : *On ne devient pas scélérat tout-à-coup, subitement, en un moment;* c'est-à-dire, *on ne passe pas tout-à-coup, subitement, en un moment, de la vertu au crime.*

Racine fait dire à Hippolyte :

> Et jamais on a vu la timide innocence
> Passer *subitement* à l'extrême licence.

Ici *subitement* signifie *tout-à-coup, sou-dainement, en un moment,* et non pas *tout d'un coup, tout d'une fois, en même-temps.*

Le repos de l'oisiveté.

*Un homme s'endort dans le repos d'une

longue oisiveté ; *le crédit qu'il a dans le monde , le flatte et l'éblouit.*

M. de Wailly se borne à observer que les mots *s'endort,* etc. caractérisent parfaitement l'indolence d'un homme content de sa fortune.

Je crois pouvoir ajouter que *le repos de l'oisiveté* est un pléonasme : l'oisiveté n'est autre chose qu'un état d'inaction, de repos, et il suffit de dire : *Un homme s'endort dans une longue oisiveté.*

Dès-là , dès-là que.

M. de Wailly s'exprime ainsi « *Dès-là* » et *dès-là que,* marquent la cause. Exemple : » *Lorsqu'un homme se laisse aller à l'oi-* » *siveté,* dès-là *il est perdu,* c'est-à-dire, » *par celà même ; ce ne sont pas les ri-* » *chesses qui nous rendent heureux :* on » *est malheureux* dès-là *qu'on croit l'être ;* » dès-là *qu'on est chrétien,* on est persuadé » *qu'il n'y a point de salut pour ceux qui* » *refusent de pardonner à leurs ennemis ;* » *dès-là que,* dans ces exemples, signifie » *par cela même que.* »

Dès-là et *dès-là que* ne me paraissent pas du bon style. Ces expressions ont quelque chose de lourd et de gothique , et donnent une mauvaise grâce au discours. D'ailleurs, dans la première phrase, le second membre *dès-là il est perdu* est trop court, et cette phrase manque de nombre et d'harmonie.

La seconde n'en a pas davantage. Les monosyllabes *dès-là que* forment une sorte de suspension, après laquelle les mots *on croit l'être* ne font pas un bon effet.

L'expression *dès-là qu'on est chrétien* n'est pas meilleure, elle a quelque chose de barbare, et on serait tenté de croire que ce n'est pas du français. Lorsqu'il y a plusieurs manières de rendre une idée, il ne faut pas s'attacher à celle qui est la moins heureuse. Il me semble qu'on s'exprimerait avec plus de grâce, et que ces idées conserveraient toute leur force, si on disait :

L'homme est perdu dès qu'il se laisse aller; ou dès qu'il s'abandonne à l'oisiveté; ce ne sont pas les richesses qui nous rendent heureux; on est malheureux du moment qu'on croit l'être; il suffit d'être chrétien pour être persuadé qu'il n'y a point de salut pour ceux qui refusent de pardonner à leurs ennemis.

Bonne grâce, de bonne grâce.

Bonne grâce, signifie *agrément, ce qui plaît.* On dit : *Cette dame a bonne grâce.*

Il me semble que M. de Wailly a eu tort de citer dans ce sens cette phrase, *il salue de bonne grâce ;* et qu'il faut dire : *Il a* bonne grâce *en saluant ;* ou *il salue* avec grâce.

Saluer de bonne grâce signifie *saluer avec plaisir, avec affection ;* et on peut avoir très-mauvaise grâce en saluant la personne qu'on aime le mieux.

Digne, indigne, n'être pas digne, être indigne.

1°. *Être digne, être indigne*, prennent toujours la préposition *de*, à moins qu'ils ne soient précédés du pronom relatif *en*, comme dans cette phrase : *Je ne suis pas surpris qu'on lui ait refusé cet honneur ; il n'en est pas digne*, ou *il en est indigne, il s'en est rendu indigne.*

2°. *Digne* a toujours un régime ; *indigne* s'emploie fort bien sans régime. On dit *une action* indigne, *un traitement* indigne.

3°. *N'être pas digne* n'a pas la même signification et la même force qu'*être indigne. N'être pas digne* signifie le plus souvent qu'une personne ou une chose ne réunit pas toutes les qualités qu'on peut desirer, ce qui n'emporte pas la négation absolue de qualités, de perfections ; souvent même c'est

une manière adroite de relever le mérite,
les qualités des personnes ou des choses.
Par exemple : un auteur répond à quelqu'un
qui lui témoigne le desir de lire une de
ses productions : *Cet ouvrage n'est pas
digne d'occuper vos loisirs.* Ici, *n'est pas
digne* ne signifie pas que l'ouvrage dont il
s'agit ne vaut rien, et qu'il est *indigne* de
fixer l'attention de celui qui veut le lire ;
on ne peut pas supposer une pareille idée
à un auteur. Cette tournure de phrase sert
à faire paraître la modestie réelle ou affectée
de l'auteur, et à lui attirer de nouveaux
éloges.

Être indigne se prend toujours en mauvaise part, et signifie qu'une personne ou
une chose est entièrement vicieuse, absolument blâmable.

Sur l'Infinitif présent.

Le présent de l'infinitif précédé des verbes
*promettre, espérer, compter, s'attendre,
menacer,* désigne un futur. Exemple : *Il
promet de venir,* c'est-à-dire, *qu'il viendra ;
il espère vous contenter,* c'est-à-dire, *qu'il
vous contentera,* etc.

Avec les autres verbes, pour que l'infinitif présent désigne un futur, il faut qu'il

soit précédé de l'infinitif *devoir*. Exemple :
Il semble devoir tout dévorer ; c'est-à-dire,
il semble qu'il dévore tout. Ici, *dévorer*
désigne un futur ; mais s'il y avait, *il
semble tout dévorer*, alors l'infinitif mar-
querait un présent, et cette phrase signifierait, *il semble qu'il dévore tout.*

DES PARTICIPES.

Une des plus grandes difficultés de la
grammaire, c'est de faire connaître quand
un participe doit varier, c'est-à-dire, quand
il doit être employé au féminin singulier,
au masculin ou au féminin pluriel ; et enfin
quand il doit rester tel qu'il est de sa nature
au singulier masculin.

Ire. RÈGLE.

Tout participe qui a pour auxiliaire le
verbe *avoir*, et qui n'a point de régime
simple, ou qui n'en est pas précédé, ne
varie point, et il reste toujours au singulier
masculin. Exemples : J'ai *aimé*, j'ai *écrit ;*
elle a *aimé*, elle a *écrit ;* cet homme *ayant
aimé*, *ayant écrit ;* ces *hommes* ou ces
femmes ayant *aimé*, ayant *reçu*, ayant
écrit, etc.

Heureux les Princes qui n'ont *usé* de leur
pouvoir, que pour faire du bien !

Dans cette phrase, le participe *usé* n'a pas de régime simple, et les mots *de leur pouvoir* forment son régime composé.

Il y a beaucoup plus de médailles frappées à la gloire des Princes qui ont *réparé* les édifices publics, qu'à l'honneur de ceux qui en ont *fondé* de nouveaux. Rollin.

Dans cette phrase, les participes ont un régime simple, mais il ne les précède pas, il les suit. Ces régimes simples sont *les édifices publics* et *de nouveaux*. On ne doit pas regarder le pronom *en*, comme régime simple du participe fondé. *En* est ici pour *de ces édifices* : c'est comme s'il y avait *qu'à l'honneur de ceux qui* de ces édifices *ont fondé les nouveaux*, ou qui ont fondé de nouveaux édifices.

Remarque.

La phrase serait aussi claire, rendrait également l'idée de l'auteur, et n'occasionnerait point d'incertitude et d'embarras à ceux qui apprennent la langue française, si on eût dit : *Il y a beaucoup moins de médailles frappées à l'honneur des Princes qui ont fondé des édifices publics, qu'à la gloire de ceux qui ont réparé les anciens.*

La tournure de phrase de M. Rollin est

très-correcte et très-usitée ; mais j'ai cru devoir me permettre cette remarque en faveur des commençans.

I Ie. Règle.

Tout participe qui a pour auxiliaire le verbe *avoir*, et qui est employé impersonnellement, ou après lequel il y a quelque chose de sous - entendu, ne varie point. Exemples :

Les chaleurs qu'il a fait, *ont causé de grandes maladies ;* on dit *fait,* et non pas *faites,* parce que le verbe est ici impersonnel, et que ces sortes de verbes ne peuvent pas avoir de régime simple.

Vous avez fait votre devoir, si vous avez rendu à votre prochain tous les services que vous avez *pu,* que vous avez *dû ;* il a obtenu toutes les grâces qu'il a *voulu.*

Dans ces phrases, le *que* n'est pas régime simple des participes *pu, du, voulu ;* il est régime simple des verbes *rendre* et *avoir* ou *obtenir* qui sont sous-entendus. C'est comme s'il y avait : *Tous les services que vous avez pu lui rendre, que vous avez dû lui rendre ; il a obtenu toutes les grâces qu'il a voulu obtenir.*

IIIe. RÈGLE.

Les participes ne varient point lorsqu'ils sont placés entre deux *que*. Exemples :

Les raisons *que* vous avez *cru que* j'approuvais, etc. ; les mathématiques *que* vous n'avez pas *voulu que* j'étudiasse, sont très-utiles.

Dans ces phrases, les deux *que* n'en font qu'un ; c'est comme s'il y avait : *Vous avez cru que j'approuvais les raisons, etc.; vous n'avez pas voulu que j'étudiasse les mathématiques ; elles sont cependant fort utiles.* D'ailleurs, si aux mots *j'approuvais* et *j'étudiasse*, on substitue *je me rendais* et *je m'appliquasse*, on dira : *Les raisons* auxquelles *vous avez cru* que je me rendais, etc. *les mathématiques* auxquelles *vous n'avez pas voulu* que je m'appliquasse, etc. Le premier *que*, dans ces phrases, est remplacé par *auxquelles*, parce que les verbes *se rendre* et *s'appliquer* régissent la préposition *à*, et demandent un régime composé. *Se rendre à de bonnes raisons; s'appliquer à quelque chose.* Le premier *que* est donc un régime simple des verbes *approuvais* et *étudiasse*, et non pas des participes *cru* et *voulu* qu'il précède.

IVe. RÈGLE.

Les participes ne varient point, quand ils se trouvent joints aux temps du verbe *être* employés pour ceux de l'auxiliaire *avoir*, et qu'ils ne sont pas précédés d'un régime simple. Exemples :

Lucrèce s'est donné *la mort; Troyes* s'était attiré *ses malheurs ; cette femme* s'est mis *des chimères dans l'esprit; ma sœur* s'est fait *peindre.*

Dans les trois premières phrases, *se* est régime composé, et les mots *la mort, ses malheurs, des chimères*, sont régimes simples, et se trouvent placés après le participe. C'est comme s'il y avait : *Lucrèce a donné la mort à elle-même; Troyes avait attiré les malheurs sur elle-même*, ou *Troyes avait elle-même attiré ses malheurs; cette femme a mis des chimères dans la tête d'elle-même,* ou *cette femme a mis* des chimères dans sa tête.

Dans la quatrième phrase, le *que* est régime simple, mais il est régi par le verbe *peindre*, et non par le participe. On ne peut pas dire *Elle : a fait elle peindre ;* mais on dira : *Elle a fait peindre elle-même; elle a fait peindre son portrait.*

Vᵉ. RÈGLE.

1°. Les participes varient quand ils sont employés adjectivement ; et qu'ils ne sont joints à aucun temps des verbes *avoir* ou *être*. Exemples : *Un ouvrage* achevé ; *une maison* achevée ; *des ouvrages* achevés ; *des maisons* achevées.

2°. Le participe s'accorde en genre et en nombre avec le sujet de la phrase, quand avec l'auxiliaire *être*, il forme les temps composés d'un verbe qui n'a pas de régime simple. Exemples : *Je suis* tombé, *nous sommes* tombés ; *il est* arrivé , *elle est* arrivée ; *elles sont* arrivées, etc.

3°. Le participe s'accorde avec l'objet de la phrase ou le relatif qui le représente , quand avec l'auxiliaire *avoir* ou être, il forme les temps composés d'un verbe , précédé de son régime simple. Exemple :

Cette maison est à moi , je l'ai achetée ; *emportez vos livres , je* les ai lus ; *je* me suis blessé , *elle* s'est blessée , *nous* nous sommes blessées , *elles* se sont blessées. En parlant à un homme : *tu* t'es trompé, *vous* vous êtes trompé ; en parlant à une femme : *Tu* t'es trompée , *vous* vous êtes trompée , etc.

La gloire *que* nos ancêtres nous *ont laissée,* est un héritage dont le mérite seul peut nous donner la possession.

Remarque.

Cette phrase, citée par M. de Wailly, me paraît donner lieu à une équivoque. Il s'agit ici de notre propre mérite, et non de celui de l'héritage que nos ancêtres nous ont laissé. Il me semble que cela serait plus clairement démontré, si la phrase était conçue ainsi :

La gloire que nos ancêtres nous ont laissée, est *un héritage dont* notre propre mérite *peut* seul *nous donner la possession.*

L'étude nous affranchit des erreurs où la mauvaise éducation *nous avait plongés.* Cochet.

Dans cette phrase, ainsi que dans la précédente, le participe se trouve précédé de son régime simple.

I. Quoique le sujet de la phrase soit placé après le participe, ce n'est pas une raison de ne pas faire varier ce participe. On doit dire : *La justice que vous ont rendu vos juges,* comme on dit *la justice que vos juges vous ont rendue.*

Boileau, dans ses réflexions sur Longin, dit : *La langue qu'ont écrite Cicéron et*

Virgile, par la même raison qu'il eût dit :
La langue que Cicéron et Virgile ont écrite.

II. Quoique le participe soit suivi d'un substantif ou d'un adjectif, ce n'est pas une raison de ne pas faire varier ce participe.

Racine fait dire à Phèdre en parlant de l'épée d'Hippolyte :

Je l'ai *rendue* horrible à ses yeux inhumains.

Par la même raison on doit dire : *Les ennemis* nous ont rendus maîtres *de la place,* et non pas *rendu.*

Enfin, que le participe soit précédé ou suivi du sujet de la phrase, qu'il soit ou qu'il ne soit pas suivi d'un substantif ou d'un adjectif, ce n'est point là ce qui doit le faire varier ou le rendre invariable ; il doit varier toutes les fois qu'il est précédé de son régime simple. C'est l'opinion de MM. Girard, Duclos, d'Olivet, de Wailly, et cet usage est adopté par les meilleurs auteurs.

V I^e. R è g l e.

Dans les phrases interrogatives, le substantif qui n'est précédé d'aucune proposition, est l'objet ou le régime simple du verbe dont il est suivi ; et s'il y a un participe après le verbe, ce participe varie, c'est-à-dire qu'il prend le genre et le nombre du substantif. Exemples :

Quelle histoire avez-vous, possédez-vous? Quelles histoires avez-vous lues? Quels courages Vénus n'a-t-elle pas domptés?

Si au contraire le substantif est précédé d'une préposition, il n'est plus régime simple, il est alors régime composé, et le participe ne varie point. On doit dire : *A quelle femme avez-vous* écrit, et non pas *écrite? de quelle* affaire avez-vous parlé, et non pas *parlée?*

Pour mieux comprendre cette règle et la précédente, il faut observer, 1°. que lorsqu'on dit que le participe et le verbe auquel il est joint, sont précédés d'un régime, ce doit être le régime simple, qui répond à l'accusatif, et non pas le régime composé qui répond au génitif, au datif ou à l'ablatif des Latins;

2°. Qu'il n'y a que des pronoms qui puissent régulièrement précéder le verbe en qualité de régime simple ; d'où l'on peut conclure qu'il n'y a que des pronoms qui puissent et qui doivent faire varier les participes ;

3°. Enfin, que de tous les pronoms, il

n'y a que ceux-ci : *me*, *nous*, *te*, *vous*, *se*, *le*, *la*, *les*, *que* relatif ; et quelquefois les pronoms interrogatifs, qui puissent être employés comme régime simple ; et ces derniers sont très-souvent suivis d'un substantif. Dans la sixième règle, les pronoms interrogatifs *quelle* ; *quels*, forment avec les substantifs *histoire* et *courages*, le régime simple du verbe ; et le substantif ne pourrait pas sans eux précéder le verbe en qualité de régime simple.

VIIe. RÈGLE.

Quand le participe, précédé d'un pronom, est suivi d'un infinitif, il varie lorsqu'il se rapporte, non à l'infinitif, mais au pronom dont il est précédé : au contraire, quand le participe se rapporte à l'infinitif et le régit, alors il est invariable. Exemple :

Cette nuit, je *l'ai vue arriver* en ces lieux. RACINE.

Ici le participe varie, parce qu'il se rapporte à Junie dont parle Néron, et non à l'infinitif qui suit. C'est comme si Racine eût dit : *Cette nuit j'ai vu Junie qui arrivait.*

On dit : Les vertus que vous avez *entendu* louer, et non pas *entendues*, parce que le participe se rapporte à l'infinitif et le régit ; c'est comme s'il y avait, *vous avez entendu louer les vertus*. On ne pourrait pas dire, *vous avez entendu les vertus louer*.

La difficulté est de savoir quand le participe régit le pronom qui le précède, et quand il régit le verbe dont il est suivi.

Il est important d'observer que l'infinitif qui suit le participe, est ou sans préposition, ou précédé d'une préposition.

1°. Lorsque l'infinitif est précédé d'une préposition, le participe régit le pronom dont il se trouve précédé, si, immédiatement après ce participe, on peut placer le nom que ce pronom représente. Exemples :

Les soldats qu'on a contraints de marcher ; l'histoire que je vous ai donnée à lire ; la résolution que vous avez prise d'aller à la campagne. Dans ces phrases, le *que* relatif est régi par le participe, parce qu'on peut dire : *On a contraint les soldats de marcher ; je vous ai donné l'histoire à lire ; vous avez pris la résolution d'aller à la campagne.*

Le participe régit l'infinitif qui le suit, et non pas le pronom dont il se trouve précédé, lorsque le nom, représenté par ce pronom, ne peut pas se placer immédiatement après le participe, et ne peut être mis qu'après l'infinitif; alors le pronom est régi par cet infinitif. Exemples :

On dit : *Les mesures que vous m'avez conseillé de prendre*, et non pas *conseillées; les fortifications que nos généraux ont ordonné de construire*, et non pas *ordonnées; la règle que j'ai commencé à expliquer*, et non pas *commencée*, etc. Dans ces phrases et dans toutes celles qui leur ressemblent, le participe régit l'infinitif, et ce dernier régit le pronom, parce qu'on dit : *Vous m'avez conseillé de prendre les mesures; nos généraux ont ordonné de construire les fortifications; j'ai commencé à expliquer la règle*, etc. On ne pourrait pas placer après le participe le nom représenté par le pronom, en disant : *Vous m'avez ordonné les mesures de prendre; nos généraux ont ordonné les fortifications de construire; j'ai commencé la règle à expliquer.*

2°. Lorsque le participe, précédé d'un pronom, est suivi d'un infinitif, il varie quand l'objet, représenté par ce pronom est animé, et exécute l'action exprimée par le verbe qui est à l'infinitif; ainsi, on dira, en parlant d'une femme qui peignait : *Je l'ai vue peindre;* et en parlant d'une musicienne, *je l'ai entendue chanter;* c'est comme si

on disait : *J'ai vu cette femme qui peignait ;
J'ai entendu cette musicienne qui chantait.*

On dira de même : *Ces femmes que j'ai
vues passer ; les avez-vous vues passer ?*
c'est-à-dire, *j'ai vu ces femmes qui passaient ; avez-vous vu ces femmes qui
passaient ?* Dans ces phrases, le pronom est
régime simple du participe, et le fait varier.

Lorsque l'objet représenté par le pronom,
ne peut pas exécuter ou n'exécute pas l'action exprimée par le verbe qui est à l'infinitif, alors le participe ne varie point. On
doit dire : *Les marchandises que j'ai vu
sortir*, et non pas *vues*, parce que ces
marchandises sont inanimées, et ne peuvent
pas faire elles-mêmes l'action de sortir.

On dira également d'une femme dont on
a vu faire le portrait : *je l'ai vu peindre ;*
c'est-à-dire, *j'ai vu faire le portrait de
cette dame.* La dame ne peignait pas,
mais on la peignait. Dans les phrases de
cette nature, le participe régit l'infinitif, et
ce dernier a le pronom pour régime.

Remarque.

Quoique l'objet représenté par le pronom
fasse ou puisse faire l'action exprimée par
le verbe qui est à l'infinitif, sans préposi-

tion, ce participe ne varie point lorsque l'infinitif et le verbe qui le précède, sont deux mots inséparables qui ne présentent qu'une seule idée à l'esprit : dans ce cas, le pronom est régi par les deux verbes conjointement. Ainsi on dit : *plusieurs dames se sont présentées à la porte, je les ai laissé passer*, et non pas *laissées*; c'est comme si on disait, *j'ai laissé passer ces dames*.

J'ai aperçu vos cousines, et je les ai fait entrer, et non pas *faites*; c'est-à-dire, *j'ai fait entrer vos cousines*.

Ce qui prouve que dans toutes les phrases de cette nature le pronom est régi par les deux verbes conjointement, et plus particulièrement encore par celui qui est à l'infinitif, c'est l'impossibilité de placer immédiatement après le participe le nom représenté par le pronom. On ne pourrait pas dire : *J'ai laissé ces dames passer; j'ai laissé vos cousines entrer.*

V I I Iᵉ. R è g l e.

Lorsqu'un participe se trouve placé à la tête de la phrase, il ne peut se rapporter qu'au sujet; et non à l'objet ou régime de cette phrase, autrement il donnerait lieu à

(104)

une équivoque, et obscurcirait le sens du discours. Exemple :

Détrompée *heureusement à la fin*, elle renonça *pour jamais à la société d'une amie aussi corrompue et aussi dangereuse.*

Ici le participe se rapporte clairement à *elle*, sujet de la phrase ; mais on ne peut pas dire : *Détrompée* heureusement à la fin, je *la* vis renoncer, etc. Celui qui entendrait, ne saurait pas si c'est moi qui ai été détrompé, ou si c'est la personne dont je parle. L'équivoque serait encore plus forte, si on disait : *Détrompée* sa mère *la* vit renoncer, etc. Le sujet et le régime de la phrase se trouvant au féminin, ainsi que le participe, on ne saurait si c'est la mère ou si c'est la fille qui fut détrompée. Il faut dire : *Elle fut enfin détrompée, et je la vis,* ou *sa mère la vit renoncer,* etc.

Cette équivoque paraît dans ces vers de Rousseau :

A qui des deux, en effet, m'adresser ?
Est-ce au flatteur qui m'abuse et m'encense ?
Est-ce à l'ami qui me tait ce qu'il pense ?
Par tous les deux *séduit* au même point,
Mon ennemi seul ne *me* trompe point.

Le participe *séduit*, comme l'observe M. de Wailly, paraît se rapporter à *ennemi*, sujet de la phrase ; et c'est cependant **au**

pronom *me*, régime simple, qu'il se rapporte.

IXe. RÈGLE.

Le participe ne peut pas se placer entre
l'article et le substantif ; il doit toujours
suivre le substantif ou précéder l'article.
Exemple :

Ce monarque effrayé *de la fermeté avec
laquelle on s'opposa à ses prétentions, y
renonça sur le champ* ; ou, bien, *effrayé*
de la fermeté avec laquelle on s'opposait à
ses prétentions, *ce monarque* y renonça
sur-le-champ.

On ne peut pas dire, *cet effrayé monarque*, *ce redouté monarque*, etc.

Première Remarque.

Etant se supprime bien avant le participe ;
mais *ayant* ne se supprime jamais. Ainsi,
dans ces vers de Racine :

A ces mots ce héros *expiré*
N'a laissé dans mes bras qu'un corps défiguré.

Ce héros expiré n'est pas plus français
que ce *héros parlé*, pour *ayant parlé*.
Expiré, dans le sens propre, convient aux
personnes et se conjugue avec *avoir*. On
doit dire, *ce héros ayant expiré*, etc. Le

même verbe, dans le sens figuré, convient aux choses, et se conjugue avec *être*. Alors on peut supprimer *étant* avant le participe, et dire : Je n'ai plus que six mois, *et mon bail expiré*, il faut que je me retire.

Deuxième Remarque.

Il ne faut pas donner aux participes des verbes neutres, un sens qui n'appartient qu'aux participes passifs. Ainsi, on ne doit pas dire *des expressions convenues*, pour *dont on est convenu*; des principes *réfléchis*, pour *sur lesquels on a réfléchi*; ce qui est contre les principes fondamentaux de la grammaire.

On dit bien, *une lumière réfléchie*, parce que *réfléchir*, dans le sens physique, est actif; mais ne pouvant pas dire *réfléchir un principe*, on ne pourait par conséquent dire, *un principe réfléchi*, etc.

On trouve dans les meilleurs poëtes des exemples de ces sortes de licences; mais si les difficultés de la poësie rendent ces auteurs excusables, on ne doit pas du moins les imiter dans les ouvrages en prose.

DES GÉRONDIFS.

Ire. RÈGLE.

Il ne faut pas confondre les *Gérondifs*

présens avec les adjectifs *verbaux* terminés en *ant*. Ils diffèrent en ce que les gérondifs présens ont un régime, marquent une action, et ne prennent ni genre ni nombre, au lieu que les adjectifs *verbaux* en *ant*, n'ont point de régime et ne marquent point d'action ; ils servent seulement à qualifier, et ils prennent le genre et le nombre du substantif ou du pronom auquel ils se rapportent.

Exemple des Gérondifs présens.

Ils vont *rampant* devant les grands, pour devenir insolens avec leurs égaux.

Cette dame est d'un excellent caractère, *obligeant* toujours quand elle le peut.

Exemple des Adjectifs verbaux en ant.

Un esprit *rampant* ne parvient jamais au sublime.

Elle est trop *rampante* pour être honnête.

Une personne *obligeante* se fait aimer de tout le monde.

Celui qui gouverne doit éloigner de lui les hommes *rampans*. Une ame *rampante* ne connaît que la flatterie.

Dans ces phrases, on voit que les mêmes mots sont employés comme gérondifs présens et comme adjectifs verbaux, et que les premiers ne prennent ni genre ni nombre, au lieu que les derniers prennent le genre et le nombre du substantif ou du pronom auxquels ils se rapportent.

IIe. RÈGLE.

Les gérondifs forment, ainsi que les participes, des expressions incidentes et subordonnées à d'autres. Pour mettre de la clarté dans la phrase, et éviter les équivoques, il est nécessaire, comme nous l'avons dit en parlant des participes, qu'il y ait un mot auquel les gérondifs puissent naturellement se rapporter.

Lorsque les gérondifs présens prennent la préposition *en*, il n'y a jamais d'équivoque ; mais lorsqu'ils sont sans préposition, ils peuvent facilement donner lieu à une équivoque.

1°. Quand les gérondifs présens prennent la préposition *en*, ils peuvent se rapporter à l'objet ou régime de la phrase, à son sujet principal, ou à un autre sujet. Exemples :

On ne voit que trop souvent les *hommes* robustes et intelligens perdre leur fortune et leur santé, *en s'abandonnant* aux plaisirs.

Un médecin a guéri un prince d'un vomissement invétéré , *en* lui *faisant* prendre tous les jours deux cuillerées de vin d'Espagne.

L'avantage que recueille *un homme* en *étudiant* l'histoire , est de s'orner l'esprit et de se former le cœur par les leçons de morale qu'elle renferme.

On voit que dans la première phrase , le gérondif se rapporte au mot *homme,* qui est l'objet ou le régime du verbe.

Dans la seconde , le gérondif se rapporte au mot *médecin* qui est le sujet de la phrase ; enfin, dans la troisième, le gérondif ne se rapporte pas au mot *avantage,* qui est le sujet principal, mais au mot *homme* qui est le sujet du verbe *recueillir ;* c'est l'homme qui fait l'action d'étudier l'histoire.

2°. Quand les gérondifs ne prennent pas la préposition *en* , ils ne peuvent bien s'employer qu'autant qu'ils se rapportent clairement et sans équivoque au sujet principal de la phrase. Exemple.

On dit bien : *Je* ne puis aller à la ville, *ayant* des affaires qui exigent ici ma présence.

On pourrait également placer le gérondif avant le sujet, et dire : *Ayant* des affaires qui exigent ici ma présence, *je* ne puis aller à la ville.

Ayant signifie *parce que j'ai*, et dans ces deux phrases, il se rapporte clairement à *je*, qui est le sujet ; mais il y aurait une équivoque si on disait : *ayant* des affaires qui exigent ici ma présence, *je* ne puis *vous* accompagner à la ville ; ou *je* ne puis *vous* accompagner à la ville, *ayant* des affaires qui exigent ici ma présence. On ne voit pas clairement si c'est moi qui ai des affaires, ou si c'est vous. Il faut dire : Je ne puis vous accompagner à la ville , parce que *j'ai des affaires* , ou parce que *vous avez* des affaires qui exigent ici ma présence.

Remarque.

C'est à tort que M. de Wailly cite cette phrase comme un exemple où le gérondif se rapporte clairement au sujet de la phrase. Il n'a pas remarqué que le gérondif *ayant* peut se rapporter à *vous* objet, aussi bien qu'au sujet *je*.

On ne pourrait pas dire : *Combien voyons-nous de gens* connaissant *le prix du temps, qui le perdent ?* On ne distinguerait pas clairement si le gérondif *ayant* peut se rapporter à *vous* objet aussi bien qu'au sujet *je*.

On ne pourrait pas dire : *Combien voyons-nous de gens* connaissant *le prix du temps , qui le perdent !* On ne distinguerait pas clairement si le gérondif se rapporte à *qui* ou à *nous*, ce qui le prouve, c'est qu'on peut dire : *Connaissant* le prix du temps, combien n'éprouvons-*nous* pas de peine, en voyant des gens qui le perdent ? Alors le gérondif se rapporterait clairement à *nous*. Il me semble que pour s'exprimer correctement, il faut, en pareil cas, ne pas employer le gérondif et dire : *Combien voyons-nous de gens qui perdent le temps, quoiqu'ils en connaissent tout le prix ?* Ce serait blesser le goût, que de dire : *Combien voyons-nous de gens* qui connoissent *le prix du temps, etc. ;* le son des mots *qui connaissant, etc.* frapperait désagréablement l'oreille.

Remarque.

On lit dans la phrase citée par M. de Wailly, le *perdent mal à propos.* Il me semble que cette expression est vicieuse et renferme un pléonasme. Dès que le temps est mal employé, ou employé mal-à-propos, il est clair qu'il est perdu ; et lorsqu'on perd le temps, il est certain que c'est mal-à-propos. Personne ne prétendra jamais qu'on ait raison de le perdre.

Voltaire, dans sa Henriade, nous fournit

un exemple du bon emploi des participes, des adjectifs verbaux en *ant*, et des gérondifs non précédés de la préposition *en*.

Tel qu'*échappé* du sein d'un *riant* pâturage,
Au bruit de la trompette *animant* son courage,
Dans les champs de la Thrace, un coursier orgueilleux,
Indocile, inquiet, plein d'un feu belliqueux,
Levant les crins *mouvans* de sa tête superbe,
Impatient du frein, vole et bondit sur l'herbe.
Tel paraissait d'Egmont.

Echappé est un participe employé adjectivement, et il prend le genre et le nombre du mot coursier auquel il se rapporte ; si au lieu de parler d'un cheval, on parlait d'une jument, il faudrait dire : *Tel qu'échappée du sein*, etc., ou *tel qu'une jument échappée*, etc.

Les mots *animant* et *levant* sont des gérondifs présens qui se rapportent aussi au mot *coursier* qui est le sujet de la phrase, et ils sont également bien placés l'un avant et l'autre après lui. Ils marquent une action de la part du coursier ; elle consiste à s'enhardir et à lever ses crins ; ils ont un régime ; enfin ils ne prennent ni genre ni nombre, car on dirait également bien : *Une jument s'enhardissant, ranimant son courage, levant ses crins*, etc.

Les mots *riant* et *mouvans* sont des adjectifs verbaux; aussi ne marquent-ils point d'action; ils servent seulement à qualifier les substantifs *pâturage* et *crins*, en faisant connaître que le pâturage était agréable, émaillé de fleurs, etc.; et que les crins étaient flexibles et pouvaient être agités en tout sens par les mouvemens du coursier; enfin ces adjectifs verbaux prennent le genre et le nombre de ces substantifs, et si au lieu de *pâturage* et *crins*, on mettait les mots *prairie* et *crinière*, il faudrait dire : *Du sein d'une* riante *prairie, levant sa crinière* mouvante.

Remarque.

On pourrait dire que le gérondif *animant* donne lieu à une équivoque, et qu'on peut le faire rapporter au mot *trompette* aussi bien qu'au mot *coursier*, parce que la trompette anime les chevaux et leur donne de l'ardeur; mais dans ce cas même, il n'y aurait pas d'équivoque, parce qu'elle ne peut exister qu'autant que la phrase peut être entendue de deux manières qui ont un sens et un résultat différent. Par exemple : Si je dis, *étant résolu de partir, je vous remettrai votre argent;* il y a une équivoque dans cette phrase, parce que le gérondif *étant résolu*, peut se rapporter à *je* ou à *vous*, ce qui présente deux sens absolument opposés, et alors il faut dire : *Comme je suis résolu*, ou *comme vous êtes résolu de partir*, etc., suivant l'idée qu'on veut exprimer ; mais dans la comparaison que nous venons de citer, que le gérondif *animant* se rapporte au mot *trompette* ou au mot *coursier*, le sens de la phrase reste le même, et le résultat sera toujours que le coursier, en entendant le son de la trompette, s'anime et prend une nouvelle ardeur. Que les écrivains ne donnent jamais lieu qu'à des équivoques de cette nature, elles ne tireront pas à conséquence.

I I Ie. R è g l e.

Il ne faut pas employer deux gérondifs de suite, sans les joindre par une conjonction.

On lit dans l'histoire de Théodose : *Firme qui s'aperçut de quelque changement, craignant d'un côté d'être abandonné, et de l'autre, s'ennuyant d'entretenir tant de troupes à ses dépens, se sauva dans les montagnes.*

En supprimant la conjonction *et*, on rendrait la phrase obscure, car on pourrait lire sans interruption, *craignant d'un côté d'être abandonné de l'autre*, c'est-à-dire, *par l'autre*, ce qui n'aurait aucun sens.

Remarque.

Il me semble que les mots *d'un côté, de l'autre*, ne sont d'aucune utilité dans cette phrase citée par M. de Wailly; qu'ils n'y ajoutent aucune force, et qu'ils y sont même très-déplacés. Ces expressions doivent servir à marquer des situations opposées. Par exemple : *D'un côté on craint, et de l'autre on espère ; d'un côté on peut être abandonné, et de l'autre on attend des secours considérables*, ce qui occasionne une incertitude cruelle sur le parti qu'on doit prendre ; mais dans la phrase citée, il n'y a aucune opposition de situation, aucune incertitude motivée, on craint d'être abandonné, et on s'ennuie d'entretenir des troupes à ses dépens ; c'est le cas d'abandonner la partie. Je crois qu'il aurait mieux valu dire tout simplement : *Firme qui s'aperçut de quelque changement, craignant d'être abandonné, et s'ennuyant d'entretenir tant de troupes à ses dépens, se sauva dans les montagnes.*

IVe. RÈGLE.

Il ne faut jamais placer le pronom relatif *en* avant un gérondif; mais il s'emploie bien après lui. Exemples :

Je vous ai mis mon fils entre les mains, *en voulant* faire quelque chose de bon.

Cette phrase, ainsi que l'observe M. de Wailly, est vicieuse, et le sens paraît n'être point achevé. On est porté à prendre le mot *en* pour une préposition, et alors il faudrait dire: *En voulant faire* de lui *quelque chose de bon ;* mais dans ce cas, il y aurait une faute contre les principes ; car le gérondif marquant ici la raison ou le fondement de l'action, ne doit pas prendre la préposition *en* ; il faut donc placer le relatif *en* après le gérondif, et dire : *Je vous ai mis mon fils entre les mains,* voulant en *faire quelque chose de bon ;* ou mieux : *Desirant faire quelque chose de bon de mon fils, j'ai pris le parti de vous le confier.*

Remarque.

Quand le relatif *en* se trouve placé avant un gérondif précédé de la préposition *en,* il n'obscurcit pas le sens de la phrase ; on la conçoit parfaitement ; mais sa construction est contraire au bon goût et produit un effet désagréable à l'oreille. Ainsi, au lieu de dire : *Le Prince tempère la rigueur du pouvoir en en partageant les fonctions ;* dites : *Le Prince, pour tempérer la rigueur*

*du pouvoir, a soin d'en partager les fonc-
tions.*

Ve. RÈGLE.

Il ne faut pas employer dans une même période plusieurs gérondifs sous différens rapports. Exemple :

Celui-ci, qui n'était pas assez imprudent pour s'attirer la haine de la noblesse calviniste, *en acceptant* la démission forcée de Juoy-Genlis, la refusa modestement, et appaisa le désordre, *en remontrant*, d'un côté, aux gens de guerre, le danger qu'ils couraient, *en déposant*, à la veille d'être assiégés, un homme d'expérience et de qualité, et *en conseillant* de l'autre côté, etc.

Le gérondif *en déposant* produit un mauvais effet, parce qu'il se rapporte au mot *gens*, et qu'il met le lecteur dans le cas de faire rapporter au même substantif le gérondif *en conseillant* qui se rapporte et doit se rapporter au pronom *celui-ci* qui est le sujet principal de la phrase ; cela donne lieu à une équivoque. On pourrait croire que l'auteur a voulu dire que les gens de guerre couraient un grand danger, tant en déposant un homme d'expérience et de qualité, qu'en conseillant quelque chose

qui pourrait leur être funeste. Suivant M.
de Wailly, il fallait dire :

Celui-ci, qui n'était pas assez imprudent
pour s'attirer la haine de la noblesse calviniste, en acceptant la démission forcée de
Juoy-Genlis, la refusa modestement, et
appaisa le désordre, en remontrant, d'un
côté, aux gens de guerre le danger qu'ils
couraient, si, à la veille d'être assiégés, ils
déposaient un homme, etc.

Remarque.

Les gérondifs présens finissant par un son
nasal, il faut éviter de les multiplier, sur-
tout quand ils sont précédés de la préposition *en*, lors même qu'ils sont employés
sous le même rapport, parce qu'ils rendent
le style lourd, et reproduisent trop souvent
un son fatigant pour l'oreille. La phrase
de M. de Wailly en renferme encore trois.
Il me semble qu'il vaudrait mieux s'exprimer
ainsi :

*Celui-ci, dans la crainte de s'attirer
la haine de la noblesse calviniste, refusa
modestement la démission forcée de Juoy-
Genlis, et appaisa le désordre, etc.* Le
reste comme dans la phrase de M. de
Wailly.

Cette dernière construction simplifie la phrase, sans en altérer le sens, et réunit l'avantage de supprimer le gérondif *en acceptant.*

VIe. RÈGLE.

Quand on joint des gérondifs passés, si le premier est sans négation, et que le second en ait une, et réciproquement, il faut alors répéter *ayant* ou *étant* avant le second gérondif. Exemple :

Votre procès n'ayant pas été jugé, *mais* remis *à huitaine, je vous conseille de proposer un accommodement ;* 'il faut dire : *mais* ayant été remis *à huitaine,* etc.

Emploi particulier des Conditionnels.

Pour marquer le desir ou la crainte, on se sert du *conditionnel présent.* Exemples : *Que* je suis content *de réussir dans cette entreprise ! Que* je serais malheureux, *si* je me voyais privé d'un tel ami !

Les *conditionnels passés* servent à marquer la joie ou le regret. Exemples : *Que* j'aurais, ou *que j'eusse été* malheureux en suivant les conseils de ce perfide ami ! *Que j'aurais* ou *que j'eusse été* heureux d'avoir un pareil ami !

De l'Imparfait et du plus que Parfait de l'indicatif après les Conditionnels.

M. de Wailly se borne à dire que lorsque le premier verbe est à l'imparfait, au parfait ou au plus que parfait, et que le second marque une action passagère, ou met ce second verbe à l'imparfait, si on veut marquer un présent.

Il aurait dû ajouter qu'en pareil cas, on emploie aussi l'imparfait après le conditionnel présent et le conditionnel passé. On dit fort bien, je *croirais* que vous *étiez* chez votre cousine, si on ne m'eût pas assuré qu'on ne vous y a pas vu; si je ne vous eusse pas rencontré, *j'aurais cru* que vous étiez au spectacle.

Emploi du plus que Parfait de l'indicatif après les Conditionnels.

M. de Wailly se borne à dire qu'après l'imparfait, le parfait ou le plus que parfait, on met le second verbe au plus que parfait, si on veut marquer un passé.

Il aurait dû ajouter que, dans ce cas, on emploie aussi le plus que parfait, après le conditionnel présent et le conditionnel passé, on dit fort bien, je *croirais* volontiers, ou je *serai porté* à croire que vous ne lui *aviez* pas *communiqué* votre projet.

J'aurais cru que vous lui *aviez communiqué* votre projet.

Emploi du Conditionnel présent, après le Conditionnel passé.

M. de Wailly se borne à dire qu'après l'imparfait, le parfait ou le plus que parfait, on met le second verbe au conditionnel présent, si on veut marquer un futur simple ou absolu.

Il aurait dû ajouter qu'on emploie aussi dans ce cas le conditionnel présent après le conditionnel passé. On dit fort bien : *J'aurais cru* que vous *viendriez* avec nous ; j'aurais cru que vous *feriez* un meilleur accueil à mon ami.

Emploi du Parfait défini, après le parfait défini.

Quand le premier verbe est au parfait défini, et qu'on désigne, d'une manière déterminée, l'époque où une action s'est faite ; le temps qui s'est écoulé depuis qu'elle a eu lieu, le verbe qui suit la conjonction *que* doit être au parfait défini. Exemples :

Il y *eut* hier deux ans que j'*arrivai* à Paris ; il. y *eut* hier quinze jours que je sortis pour la première fois. On ne peut pas, dans cette circonstance, se servir du parfait indéfini, et dire : *Que je suis arrivé, que je suis sorti*, etc.

De l'emploi des Parfaits défini *et* indéfini, *après le présent de l'indicatif.*

Quand le premier verbe est au présent de l'indicatif, si le second verbe est au parfait, ce doit être au *parfait défini*, lorsqu'on parle d'une action faite dans un temps dont il ne reste plus rien, et qu'on ne marque pas que cette action n'a pas été réitérée depuis. Ainsi, on dira : *Il y a deux ans que* j'allai *pour la première fois à l'opéra d'Alceste ; il y a quinze jours que je* sortis *pour la première fois.* Il est clair qu'on a pu sortir plusieurs fois depuis cette époque, et qu'on a pu retourner plusieurs fois au même opéra ; mais on doit dire, en se servant du *parfait indéfini* : *Il y a deux ans que je* ne suis allé *à l'opéra d'Alceste, que je* ne suis sorti. C'est comme si on disait : *Depuis deux ans je ne suis point allé à l'opéra d'Alceste ; je ne suis point sorti depuis deux ans.*

Différentes circonstances où l'on emploie le subjonctif.

1°. Dans les phrases exclamatives et dans celles qui marquent l'admiration, l'étonnement, la surprise, on met au subjonctif le verbe qui suit la conjonction *que*. Exemples :

Le moyen qu'on réussisse, quand on éprouve de l'opposition de toute part ! Je *suis surpris* qu'il se *soit tiré* d'affaire.

Je sais que votre frère a rendu service à mon ami ; *il est* bien *étonnant* que vous *ayez voulu* l'en empêcher.

2°. Les expressions indéfinies *qui que ce soit, quoi que ce soit, quel* suivi de *que* et *quoi* suivi de *que*, régissent le subjonctif. Exemples :

Qui que ce soit qui ait cherché à ternir la réputation de votre frère, un homme capable d'une telle action, n'aura jamais l'estime des gens de bien.

Quoi que ce soit qu'il entreprenne, il a trop d'esprit et trop d'activité pour ne pas réussir.

Quel que puisse être votre dessein, je saurai bien le découvrir.

Quel que soit votre pouvoir, ne vous en

servez jamais pour opprimer l'innocence.

Quoi que vous *puissiez* faire, vous n'y parviendrez point.

3°. Les expressions *je suppose que, admettons que, posons que, il est impossible que, si c'était moi qui* ou *que, il peut se faire que, il n'y a, il n'est,* etc. régissent le subjonctif. Exemples :

Je suppose que, ou *admettons que* vous *fussiez parvenu* à le faire présumer coupable, il eût certainement réussi à prouver son innocence.

Il est impossible que vous parveniez à votre but, si vous n'employez pas de meilleurs moyens ; dans le cas contraire, *il peut se faire que vous réussisiez.*

Si c'était moi qui eusse fait cela, vous seriez bien étonné. *Si c'était vous* qu'on me *donnât* pour collégue, j'en serais très-satisfait.

Il n'y a que lui qui sache ce qui s'est passé. *Il n'est* aucun de nous qui ne *connaisse* cette affaire mieux que votre cousin.

4°. Il en est de même après les expressions qui marquent la nécessité, l'avantage, le devoir. Exemples :

Il faudra qu'ils se *rendent* à la force de la vérité.

Il est nécessaire, indispensable, que

vous *remplissiez* exactement toutes les fonctions qu'on vous a confiées.

Il est important que vous *reveniez* prompte-
ment pour déconcerter les projets de vos
ennemis.

Il importe au bonheur de la société, *que*
toutes les fonctions publiques *ne soient* jamais
exercées que par des hommes probes qui
n'aient d'autre ambition que celle de con-
tribuer au bien général.

Il *est avantageux* pour l'Etat, que vous
alliez commander l'armée.

Il *serait décent, convenable* que vous
partageassiez cette succession avec votre
cousin, puisque vous avouez qu'elle ne vous
est échue que parce qu'on l'a desservi auprès
de votre oncle.

Il *convient* que vous *quittiez* prompte-
ment les mauvaises compagnies que vous
fréquentez.

5°. On emploie le subjonctif : après les
expressions qui marquent les affections
violentes, telles que l'amour, la haine,
l'impatience, la joie, le regret, le déplaisir,
le dépit, la honte, l'envie, la colère, l'indignation, etc. Exemples :

Je désire ardemment qu'il *soit possible*
de ne pas nous séparer. Je ne puis voir

sans indignation qu'un homme aussi mé-
chant *réussisse* dans tous ses projets.

Je suis ravi qu'il *ait démasqué* les traîtres.

6°. Il en est de même après les expressions
qui marquent *un but, un dessein.* Exemples :

Son dessein était d'amener son adversaire
à une explication publique qui *sauvât* son
honneur.

Défiez-vous de cet homme, il cherche à
vous porter à une démarche qui *puisse* vous
compromettre.

7°. Enfin, on emploie le subjontif après
les verbes qui marquent la prière, l'im-
précation, la défense, le consentement,
l'exhortation, l'opposition, etc. Exemples :

Je consens que vous *alliez* passer quelques
jours à la campagne.

Prenez garde qu'il ne *fréquente* plus long-
temps une compagnie aussi dangereuse.

J'avais défendu que vous *vinssiez ;* j'em-
pêcherai qu'il ne *vienne* vous troubler.

J'*entends,* je *prétends* que vous *exécu-
tiez* ponctuellement les ordres que je vous
ai donnés.

Remarque sur entendu *et* prétendu.

Quand les verbes *entendu* et *prétendu*
signifient le premier *ouïr* ou *comprendre,*

et le second *affirmer*, *croire* ou *soutenir*, on doit alors mettre à l'indicatif le verbe qui suit la conjonction *que*. Exemples :

J'*entends* ou je *comprends* par vos discours que vous vous rendez utile aux infortunés.

Vous *entendîtes* ou vous *ouîtes* qu'on *blâmait* hautement la conduite de vos enfans.

Vous avez *prétendu* ou *affirmé* qu'il *avait obtenu* la place qu'il desirait.

Vous avez *prétendu* ou *cru* que nous nous *laisserions* surprendre par votre air imposant.

Vous avez *prétendu* ou *soutenu* que nous ne *gagnerions* pas notre procès.

De l'accent aigu.

M. de Wailly se borne à dire : » l'accent » aigu se met sur les *é* fermés : *Echaudé*, » *répété*, *réunion*. »

On place effectivement l'accent aigu sur les *é* fermés qui se trouvent au commencement, au milieu ou à la fin des mots, soit qu'à la fin des mots ils soient suivis ou qu'ils ne soient pas suivis d'une *s*, comme dans les mots *éternité*, *vérité*, *vérités*, *étonné*, *étonnés*, *admiré*, *admirés*, etc.; mais on ne place point cet accent sur les *e* qui sont suivis d'un *z* dans les secondes personnes du pluriel des verbes *vous aimez, vous admirez, etc.*, ni sur ceux qui sont suivis d'un *r* à la fin du présent de l'infinitif des verbes *aimer, admirer, pénétrer, etc.*, et à la fin des substantifs et des adjectifs singuliers masculins, comme dans les mots *danger, verger, etc.*, substantifs; et dans *léger, étranger, etc.*, adjectifs, quoique l'*e* soit fermé dans toutes ces syllabes.

De l'accent grave.

M. de Wailly a oublié de dire que l'accent grave se met sur le mot *vèrs* préposition, pour le distinguer du mot *vers*, substantif consacré à la poësie.

Première Remarque.

L'*e* est fort ouvert dans la dernière syllabe des mots *décès, procès, succès, etc.* Si dans les dérivés de ces mots cet *e* est suivi d'une syllabe masculine, c'est-à-dire, dans laquelle il ne se trouve pas d'*e* muet, alors il se change en *é* tout-à-fait fermé et accentué; ou bien il ne s'ouvre que faiblement, et il se change en *e* moyen non accentué ; mais dans ce dernier cas, il est suivi de deux consonnes. Exemples : *Décès, décéder, procès, procéder, procession, succès, succéder, succession, etc.*

Deuxième Remarque.

On ne met point l'accent grave sur *les, des, mes, tes, ses, ces,* 1°. parce que dans ces mots l'*e* n'est pas aussi ouvert que dans *succès, procès, décès, etc.*

2°. Parce que dans ces monosyllabes, l'*e* a le son de l'*e* fermé avant les mots qui commencent par une consonne, comme dans *mes livres, mes sœurs, etc.* ; et qu'il a le son de l'*e* ouvert, avant les mots qui commencent par une voyelle, comme dans *mes amis, les écrivains, les auteurs, etc.* ; et avant les mots qui commencent par une *h* aspirée ou non aspirée, comme dans *les héros, les hommes,* sans néanmoins prendre dans ces deux cas, ni l'accent grave ni l'accent circonflexe.

De l'accent circonflexe.

L'accent circonflexe se place 1°. sur les syllabes longues dont on a retranché une lettre, comme dans les mots *âge, tête, etc.*

qu'on écrivait autrefois *aage*, *teste*; voyez M. de Wailly.

2°. Sur la pénultième ou l'avant-dernière syllabe de la première et de la seconde personne du pluriel des parfaits définis, comme : *Nous aimâmes, nous lûmes, nous vînmes, nous écrivîmes, nous recherchâmes*, etc; *vous aimâtes, vous eûtes*, etc.

3°. Sur la dernière syllabe de la troisième personne du singulier de l'imparfait du subjonctif, pour la distinguer de la troisième personne du singulier du parfait défini, attendu que dans tous les verbes, excepté dans ceux de la première conjugaison, la troisième personne du singulier se termine de même dans ces deux temps.

4°. Sur l'adjectif *sûr*, pour le distinguer de la préposition *sur*, et sur l'adjectif *mûr*, pour le distinguer du mot *mur*, substantif.

*Des différentes sortes d'*e.

On distingue trois sortes d'*e*; savoir : l'*e* ouvert, l'*e* muet, et l'*é* fermé, qui ont divers sons dont la différence est sensible dans les mots *fermeté*, *honnêteté*; on nomme *e* ouvert celui qui se présente le premier dans ces deux mots; le second se nomme *e* muet, et le troisième se nomme *é* fermé.

On distingue l'*e* ouvert en *e* ouvert et en *e* ouvert moyen, qui tient le milieu entre l'*è* ouvert, et l'*é* fermé, se prononçant avec une ouverture de bouche plus grande que celle avec laquelle on prononce l'*é* fermé, et moins grande que celle avec laquelle on prononce l'*é* ouvert. Cet *e* moyen est toujours accompagné d'une consonne, comme dans la première syllabe des mots *fermeté*, *perdre*, etc. ; souvent il est suivi d'une double consonne, comme dans les mots *belle*, *celle*, *telle*, *etc*. L'*e* moyen ne s'accentue jamais.

L'*è* ouvert est celui qui n'étant point accompagné d'une consonne, est suivi d'une syllabe terminée par un *e* muet, comme dans les mots *père*, *mère*, *prospère*, *etc.* ; ou qui se trouve suivi d'une *s* à la fin d'un mot, comme dans *procès*, *succès*, *décès*, *après*, *etc.* où cet *è* est fort ouvert. Il se prononce avec une plus grande ouverture de bouche que les autres, et il s'accentue de l'accent grave, excepté dans les mots où, pour marquer la suppression d'une lettre, on le marque de l'accent circonflexe, comme nous l'avons dit ci-devant.

L'*e* muet est ainsi appelé, parce qu'on ne le prononce presque pas. Il ne commence jamais un mot, sans être précédé d'une ou de plusieurs consonnes, comme dans les mots re*cherche*, *secret*, de*mande*, pre*mier*, fre*donner*, etc. et il ne se trouve jamais dans deux syllabes qui se suivent immédiatement. C'est pour cela que les verbes dont la pénultième est muette à l'infinitif, ont coutume dans les temps qui finissent par un *e* muet, de changer l'*e* de cette pénultième syllabe en *e* moyen, comme dans app*e*ler, il app*e*lle; chanc*e*ler, il chanc*e*lle, etc.; ou en *è* ouvert, comme dans p*e*ser, il p*è*se, etc.; ou bien, ils prennent la diphtongue *oi*, comme dans d*e*voir, ils d*oi*vent, conc*e*voir, ils conç*oi*vent, etc.

On écrit chap*e*lain, chand*e*lier, c*e*lui, etc. où l'*e* est muet; et on écrit chap*e*lle, chand*e*lle, c*e*lle, où l'*e* est moyen. De même, quoiqu'on écrive j'*aime*, je *chante*, *etc.* on doit écrire et prononcer *aimé-je*, *chanté-je*, *etc.*, où l'*e* est fermé à cause du pronom *je* qui renferme un *e* muet.

L'*é* fermé est ainsi appelé, parce qu'on serre les lèvres en le prononçant; et dans tous les mots, il sonne à l'oreille comme dans l'alphabeth, ainsi qu'on peut s'en convaincre dans les mots *éternité*, *vérité*, *témérité*, *sévérité*. Cet *e* prend toujours l'accent aigu, excepté quand il se trouve suivi d'un *z* dans certains temps des verbes, ou d'un *r* dans la dernière syllabe du présent de l'infinitif, et des substantifs et adjectifs singuliers, ou d'un *d*, comme dans le mot *pied*.

L'*e* suivi d'une consonne avec laquelle il forme une syllabe, n'est jamais muet, excepté dans les terminaisons en *es*, qui se trouvent dans le pluriel des noms terminés au singulier par un *e* muet, comme le spectacl*e*, les spectacl*es*; le templ*e*, les templ*es*, etc; et dans les terminaisons en *ent* qui se trouvent dans la troisième personne du pluriel des verbes, comme ils aim*ent*, ils lis*ent*, etc.

En général, l'*e* suivi d'une consonne avec laquelle il forme une syllabe, comme dans les mots *bec*, brace*let*, cour*rier*, *nef*, mi*el*, *pervers*, pi*ed*, etc., n'est marqué d'aucun accent; mais si à la fin d'un mot il est suivi d'une *s*, on le marque de l'accent grave ou aigu, selon qu'il est ouvert ou fermé, comme dans vos pro*cès* sont ju*gés*; ses ac*cès* sont pas*sés*, etc.

Il faut en excepter 1°. *les*, *des*, *mes*, *tes*, *ses*, *ces*, où l'*e* est tantôt ouvert et tantôt fermé sans être accentué, par la raison que nous avons donnée ci-devant; 2°. les pluriels en *es* dont nous venons de parler, et où l'*e* est muet.

Du trait d'union entre les pronoms per-
sonnels et le mot même.

M. de Wailly observe que quelques auteurs ne placent point le trait d'union entre les pronoms personnels et *même* ; mais il me semble qu'on doit toujours l'y mettre.

Lorsque *même* signifie identité ou parité, et qu'il répond à l'*idem, eadem, idem* des latins, et qu'alors il est mis avant le substantif, ou qu'il est employé pour les mots *lui-même, elle-même,* etc. ; il fait, dans ces deux cas, un mot à part, et il ne forme point un seul mot avec le substantif qui le précède ou qui le suit. Il n'est le plus souvent employé de cette manière, que pour donner plus de force au discours, et on pourrait le supprimer, sans nuire à la clarté de la phrase. Exemples :

Les *mêmes* manières qui plaisent quand elles sont naturelles, deviennent ridicules quand elles sont affectées.

Le bonheur peut conduire à la grandeur suprême:
Mais pour y renoncer, il faut la vertu *même.*

Dans ces phrases, le mot *même* ajoute de la force au discours ; mais il ne fait pas une portion inséparable des mots *manières* et *vertu*, et on pourrait le supprimer sans nuire à la clarté de la phrase ni à la pureté du style, en disant : *Les manières qui plaisent*, etc. ; *mais pour y renoncer, il faut la vertu*, ou *la vertu est nécessaire pour y renoncer*; ou bien, *mais on a besoin de vertu pour y renoncer*. Les mots *la vertu même* signifient *la vertu elle-même*.

Au contraire, lorsque *même* se trouve placé après les pronoms personnels, il fait tellement un seul et même tout avec eux, que, sans lui, la phrase serait vicieuse et n'aurait plus de clarté. Si je dis : *Il est venu lui me donner de vos nouvelles*, cette phrase ne sera pas française ; non-seulement le pronom *lui* n'y ajoute aucune force, aucune grâce, mais il lui ôte sa pureté. Au contraire, si je dis : *Il est venu lui-même m'apporter de vos nouvelles*, alors la phrase sera correcte, et elle aura plus de force, que si je disais simplement, *il est venu m'apporter de vos nouvelles* : dans ce cas, le mot *même* répond à l'*ipse, ipsa, ipsum* des latins. *Lui* et *même* forment un seul composé, dont les deux parties doivent être unies par le trait d'union.

Observations orthographiques.

Une des plus grandes difficultés de l'orto-

graphe française consiste dans la manière
de représenter par des caractères le son de
l'*a*, de l'*e* ouvert, de l'*e* fermé, de l'*i*, de
l'*o* et de l'*u*, puisque le son de l'*e* peut
être représenté de dix manières ; le son de
l'*e* ouvert, de vingt-quatre manières ; celui
de l'*e* fermé, de huit manières ; le son de l'*i*,
de dix manières ; celui de l'*o*, de douze
manières, et celui de l'*u* de cinq manières.

*Du son de l'*a.

Le son de l'*a* est représenté 1°. par un
a seul au commencement des mots, ainsi
qu'au milieu et à la fin des substantifs *acacia*,
falbala, *opéra*, *quinola*, *quinquina*, *ra-
tafia*, etc. ; et à la fin de la troisième personne singulière du parfait défini des verbes
en *er*, il *aima*, il *donna*, il *arriva*, il
travailla, etc. ; et à la troisième personne
singulière du futur de tous les verbes, il
aimera, *donnera*, etc.

2°. Par *as*, dans la dernière syllabe de
la seconde personne singulière du parfait
défini et du futur des verbes en *er*, tu *aimas*,
tu *donnas*, tu *arrivas*, tu *travaillas*, etc. ;
au futur de tous les verbes, tu *aimeras*, tu
donneras, tu *arriveras*, tu *travailleras*, etc.;
à la seconde personne singulière du pré-

sent du verbe *avoir*, tu *as*, et du futur du verbe *avoir* et du verbe *être*, tu *auras*, tu *seras*; et à la fin d'une bonne partie des noms, comme *amas*, *appas*, *bras*, *cadenas*, *cannevas*, *cas*, *cervelas*, *chasselas*, *compas*, *embarras*, *matelas*, le *pas*, le *tas*, etc.

3°. Par *ât* dans la dernière syllabe de la troisième personne singulière de l'imparfait du subjonctif des verbes en *er*, *qu'il aimât*, *qu'il donnât*, *qu'il travaillât*, *qu'il conservât*, etc., et à la fin de plusieurs substantifs singuliers, comme *achat*, *apparat*, *assassinat*, *attentat*, *avocat*, *attentat*, *cardinalat*, *concordat*, *état*, *magistrat*, *rat*, etc.

4°. Par *ats*, dans la dernière syllabe du pluriel des substantifs terminés au singulier par *at*, les *achats*, *assassinats*, *attentats*, *avocats*, etc.

5°. Par *ai*, dans *douairière*, qu'on prononce *douarière*.

6°. Par *ao* dans *Paon*, *Paone*, *Laon*, ville; et leurs dérivés, *Paoneau*, *Laonnois*, qu'on prononce *Pan*, *Pane*, *Lan*, *Paneau*, *Lanois*.

7°. Par *ea* dans la dernière syllabe de la troisième personne singulière du parfait défini des verbes en *ger*, il *songea*, il *arrangea*, il *dérangea*, etc., où cette syllabe se prononce comme dans le mot *déjà*.

8º. Par *ers* dans la dernière syllabe de la seconde personne singulière du parfait défini des verbes en *ger*, tu *songeas*, tu *arrangeas*, tu *mangeas*, où cette syllabe se prononce comme dans *déjà*.

9º. Par *eat* dans la dernière syllabe de la troisième personne singulière de l'imparfait du subjonctif des verbes en *ger*, qu'il *arrangeât*, qu'il *dirigeât*, qu'il *mangeât*, etc., où cette syllabe se prononce comme dans *déjà*.

10º. Par *em* dans *femme*, *femmelette*, qu'on prononce *fame*, *famelette* ; et dans les adverbes en *emment*, tels que *ardemment*, *éloquemment*, etc., qu'on prononce *ardament*, *éloquament*.

Du son de l'è ouvert.

Le son de l'*e* ouvert est représenté 1º. par un *è* marqué de l'accent grave, toutes les fois qu'il n'y a point de lettre supprimée dans la syllabe où il se trouve, et que la syllabe suivante renferme un *e* muet, ou est terminée par un *e* muet, comme dans le *père*, la *mère*, *amère*, *prospère*, etc., les *pères*, les *mères*, etc.

2º. Par un *ë* surmonté du tréma, comme dans *poëte*.

(139)

3°. Par un *e* surmonté de l'accent circonflexe dans les syllabes dont on a retranché un lettre, comme dans *tempête, tête, même,* etc. qu'on écrivait autrefois *tempeste, teste, mesme.*

4°. Par *ai,* dans *maison, Tournai, de Launay, du Fai* etc; dans les mots analogues aux verbes qui se terminent en *ayer,* comme les mots *balai, délai, essai,* etc. à cause des verbes *balayer, délayer, essayer;* Enfin, toutes les fois qu'il se trouve un *a* dans quelque mot analogue à celui qu'on veut écrire. Ainsi, on écrit *aimer, comparaison, naître,* etc; parce que ces mots ont du rapport avec les mots *amour, comparatif, nativité,* où il se trouve un *a.*

5°. Par *ei,* dans *peigne, peigner, empeigner, du Verney,* etc., et lorsqu'il se trouve un *é* fermé dans un mot analogue. Ainsi on écrit *peine,* parce qu'il se trouve un *é* fermé dans *pénible.*

6°. Par *oi* dans *foible, roide,* et dans leurs composés et dérivés *foiblesse, affoiblir, roideur,* etc., et lorsqu'il se trouve un *o* dans un mot analogue. Ainsi on écrit *connoître, paroître,* etc., à cause des mots *notion, apparoir,* où il se trouve un *o.*

7°. Par *ais,* dans les mots *ais,* pièce de bois; *biais, Calais, dais, engrais,* épais, frais, jais, sorte de minéral; marais, mauvais, niais, palais, panais, punais, rabais, relais, etc.

8°. Par *eai* dans *geai*, demang*eaison*.

9°. Par *uai* dans *quai*, qu'on prononce *ké*.

10°. Par *aie* dans la b*aie*, la chên*aie*, la h*aie*, la r*aie*, etc.

11°. Par *ie* dans la jo*ie*, la so*ie*, la vo*ie*, chemin, etc, qu'on prononnce la *joè*, la *soè*, la *voè*.

12°. Par *ey* dans le *Bey*, qu'on prononce le *Bé*.

13°. Par *ait* dans attr*ait*, distr*ait*, l*ait*, liqueur blanche; portr*ait*, retr*ait*, souh*ait*, tr*ait*, substantif; f*ait*, et ses composés le bienf*ait*, le forf*ait*, le parf*ait*, etc.; et dans la troisième personne singulière du présent du subjonctif du verbe *avoir*, qu'il *ait*.

14°. Par *aix*, dans *Aix*, *Aix-la-Chapelle*, villes, p*aix*, f*aix*, fardeau, et ses composés *porte-faix*, etc.

15°. Par *ès* dans abc*ès*, acc*ès*, déc*ès*, exc*ès*, proc*ès*, prof*ès*, expr*ès*, cypr*ès*, progr*ès*, regr*ès*, terme de droit canon; succ*ès*, pr*ès*, apr*ès*, tr*ès*, etc.

16°. Par *es* sans accent sur l'*e* dans la seconde personne singulière du présent de l'indicatif du verbe *être*, tu *es*.

(141)

17°. Par *est* dans la troisième personne singulière du présent de l'indicatif du verbe *être*, *il* ou *elle est*.

18°. Par *et* dans cabin*et*, ball*et*, danse; bassin*et*, brun*et*, cach*et*, grandel*et*, fauss*et*, roitel*et*, robin*et*, discr*et*, secr*et*, etc.

19°. Par *ois* dans François, Anglois, Polon*ois*, *etc.*; dans les deux premières personnes singulières de l'imparfait de l'indicatif et du conditionnel présent de tous les verbes, comme dans j'aim*ois*, je dev*ois*, *etc.*; tu aim*ois*, tu dev*ois*, *etc.*; j'aimer*ois*, je devr*ois*, *etc.*; tu aimer*ois*, tu devr*ois*, *etc.* excepté à l'imparfait seulement des verbes qui se terminent en *ger*, à l'infinitif; enfin, dans les deux premières personnes singulières du présent et de l'imparfait de l'indicatif, et du conditionnel présent des verbes en *oître*, qui ont plus de deux syllabes à l'infinitif, comme conn*oître*, dispar*oître*, *etc.*, qui font je conn*ois*, je dispar*ois*, *etc.*; tu conn*ois*, *tu* dispar*ois*; je connoiss*ois*, je disparoiss*ois*; tu connoiss*ois*; tu disparoiss*ois*; je ou tu connoîtr*ois*, disparoîtr*ois*, *etc.*

20°. Par *eois* dans les deux premières personnes singulières de l'imparfait de l'indicatif des verbes en *ger*, comme dans je ou tu mang*eois*, boug*eois*, arrang*eois*, *etc.*

21°. Par *oit*, dans la troisième personne singulière de l'imparfait de l'indicatif des verbes, comme dans il aim*oit*, il donn*oit*, il dev*oit*, il lis*oit*, il écriv*oit*, etc., excepté dans les verbes en *ger*; enfin, dans la troisième personne singulière du conditionnel présent de tous les verbes, comme dans il aimer*oit*, devr*oit*, lir*oit*, fer*oit*, songe*roit*, manger*oit*, etc.

22°. Par *eoit* dans la troisième personne singulière de l'imparfait de l'indicatif des verbes en *ger*, il mang*eoit*, il song*eoit*, etc.

23°. Par *oient* dans la troisième personne plurielle de l'imparfait de l'indicatif des verbes, excepté de ceux terminés en *ger* à l'infinitif, et dans la troisième personne plurielle du conditionnel présent de tous les verbes, comme dans ils aim*oient*, dev*oient*, lis*oient*, écriv*oient*, etc. ; ils aimer*oient*, écrir*oient*, devr*oient*, manger*oient*, songe*roient*, etc.

24°. Enfin par *eoient* dans la troisième personne plurielle de l'imparfait de l'indicatif des verbes en *ger*, comme dans ils mang*eoient*, song*eoient*, etc.

Du son de l'é fermé.

Le son de l'*e* fermé est représenté 1°.

par un *é* marqué de l'accent aigu à la fin des substantifs , et des participes et adjectifs singuliers masculins, comme dans bont*é*, beaut*é*, vanit*é*, etc. ; aim*é*, étonn*é*, admir*é*, etc. , sensé , insensé, etc.

2°. Par *es* avec un accent aigu sur l'*e* à la fin des substantifs pluriels , et des adjectifs et participes pluriels masculins, comme dans les bont*és*, les beaut*és*, les vanit*és*, etc. ; des hommes aim*és*, admir*és*, étonn*és*, etc. ; sens*és*, insens*és*, etc.,

3°. Par *ai* dans la première personne singulière du parfait défini des verbes en *er*, excepté de ceux qui se terminent en *ger*, à l'infinitif, et à la fin de la première personne singulière du futur simple de tous les verbes. Exemple : Je donn*ai*, je travaill*ai*, j'aim*ai*, etc. ; j'aimer*ai*, je donner*ai*, je travailler*ai*, je lir*ai*, je fer*ai*, je songer*ai*, je manger*ai*, etc.

4°. Par *eai*, dans la première personne singulière du parfait défini des verbes en *ger*, je mang*eai*, je song*eai*, je dirig*eai*, etc.

5°. Par *ez*, 1°. dans toutes les secondes personnes du pluriel des verbes , comme dans vous aim*ez*, vous donni*ez*, vous lisi*ez*, vous fer*ez*, vous bouger*ez*, etc. ; 2°. dans le substantif *nez*, partie du visage.

6º. Par *er* dans les infinitifs des verbes de la première conjugaison, comme dans aim*er*, donn*er*, enseign*er*, song*er*, etc. Dans quelques substantifs, comme dans orang*er*, verg*er*, etc; et dans quelques adjectifs, comme dans étrang*er*, etc.

7º. Par *ers* au pluriel des substantifs et adjectifs terminés au singulier en *er*.

8º. Par *œ* dans *œ*cuménique, *œ*sophage.

Du son de l'i.

Le son de l'*i* est représenté 1º. par un *i* à la fin des substantifs le rôt*i*, le part*i*, un par*i*, le soph*i*, le chil*i*, le potos*i*, le Mississip*i*, le cad*i*, etc. ; à la fin des adjectifs singuliers masculins, un*i*, jol*i*, pol*i*; etc. ; à la fin des participes singuliers masculins des verbes fin*ir* et sent*ir*, et des verbes réguliers qui se conjuguent comme ces deux verbes, ainsi que dans les participes des verbes irréguliers assaill*ir*, bouill*ir*, cueill*ir*, défaill*ir*, faill*ir*, fu*ir*, lu*ire*, nu*ire*, ou*ïr*, poursu*ivre*, relu*ire*, saill*ir*, suff*ire*, su*ivre*, tressaill*ir*.

2º. Par *is* dans les substantifs am*is*, bu*is*, cambou*is*, chass*is*, chenev*is*, color*is*, gâch*is*, log*is*, parad*is*, Par*is*, ville; parv*is*, souç*is*, taill*is*, tap*is*, etc. ; dans l'adjectif gr*is*, et dans les participes acqu*is*, appr*is*, ass*is*, circonc*is*, compr*is*, conqu*is*, entrepr*is*, pr*is*, repr*is*, surs*is*, surpr*is*, etc. ; aux deux premières personnes singulières du présent de l'indicatif des verbes en *ir*, *ire* et *uire*, *je* ou *tu finis*, *lis*, *écris*, *conduis*, etc. ; et aux deux premières personnes singulières du parfait défini des verbes qui se conjuguent comme *sentir* et *ouvrir*; des verbes *asseoir*, *surseoir*, *voir*; des verbes en *aindre*, *eindre*, *oindre*, et des verbes en *dre*, *pre*, *tre*.

3º. Par *it* dans les substantifs singuliers acab*it*, appét*it*, confl*it*, créd*it*, déb*it*, dél*it*, déd*it*, écr*it*, espr*it*, hab*it*, l*it*, ob*it*, etc. ; à la troisième personne singulière du présent de l'indicatif, du parfait défini et de l'imparfait du subjonctif des verbes en *ir* qui se terminent en *is* à la première personne singulière du présent de l'indicatif, comme bén*ir*, fin*ir*, fleur*ir*, fu*ir*, etc. ; à la troisième personne singulière du parfait défini et de l'imparfait du subjonctif des verbes réguliers qui se conjuguent comme sent*ir*, tels que consent*ir*, ment*ir*, ressent*ir*, etc. ; des verbes qui se conjuguent comme ouvr*ir*, tels que cueill*ir*, découvr*ir*, offr*ir*, souffr*ir*, etc. ; et des verbes asseo*ir*, surseo*ir*, vo*ir*; à la troisième personne singulière du présent de l'indicatif, du parfait défini et de l'imparfait du subjonctif des verbes en *ire* et *uire*; tels que circonc*ire*, d*ire*, éc*rire*, dét*ruire*, *nuire*, etc; enfin, à la troisième personne singulière du parfait défini et de l'imparfait du subjonctif des verbes en *aindre*, *eindre*, *oindre*, comme cr*aindre*, p*eindre*, jo*indre*, etc.; et des verbes en *dre*, *pre*, *tre*, qui ont ces temps réguliers, comme ren*dre*, ven*dre*, rom*pre*, met*tre*, etc.

4°. Par *uit* à la troisième personne singulière du parfait défini et de l'imparfait du subjonctif des verbes en *cre*, comme vain*cre*, convain*cre*.

5°. Par *ix* dans perdr*ix*, pr*ix*, qu'on prononce *perdri*, *pri*, sans faire sentir l'*x*.

6°. Par *its* à la fin du pluriel des noms terminés au singulier par *it*.

7°. Par *il* dans gent*il*, fus*il*, pers*il*, qu'on prononce sans faire sentir la lettre *l*.

8°. Par *ils* au pluriel des noms en *il*. Ces enfans sont gent*ils*; montrez-moi ces fus*ils*.

9°. Par *y*, 1°. quand il forme seul un mot, comme dans *il* y *va*, *il* y *est*; *j'y veux remédier*, etc.; 2°. quand ce son se fait entendre au commencement d'un mot, et immédiatement avant une voyelle, comme dans *yeux*, *Yorck* ; 3°. quand le son de l'*e* ouvert et celui de l'*i* se suivent immédiatement, comme dans les mots cra*y*on, fra*y*eur, mo*y*en, pa*y*er, etc.

10°. Enfin, par *ui*, dans les mots v*ui*der, v*ui*de, v*ui*dange, v*ui*dangeur, etc.

Du son de l'o.

Le son de l'*o* se représente, 1°. par un *o*, à la fin des mots le coc*o*, le cred*o*, l'éch*o*, l'indig*o*, le numér*o*, le P*ô*, fleuve d'Italie ; le vertig*o*, le zér*o*.

2°. Par *au* à la fin des mots boy*au*, ét*au*, gru*au*, hoy*au*, huy*au*, joy*au*, noy*au*, P*au*, ville ; pré*au*, tuy*au*, etc ; dans *au*tomne, *au*mône, b*au*drier, ch*au*ffer, c*au*tion, d*au*phin, princip*au*té, etc. ; enfin lorsqu'il se trouve un *a* dans quelque mot analogue à celui qu'on écrit. Ainsi ch*au*d, il v*au*t, il f*au*t, s'écrivent par *au*, à cause des mots chaleur, falloit, valoir, dans lesquels il y a un *a*.

Il faut en excepter *pseaume*, qui, ainsi que l'observe M. de Wailly, devrait s'écrire *psaume*, à cause des mots psalmodier, ps*au*tier , dans l'un desquels on remarque un *a*, et dans l'autre la diphtongue *au*.

3º. Par *eau* dans cerc*eau*, *eau*, étourn*eau*, la p*eau*, etc. , et lorsqu'il se trouve un *e*, dans un mot analogue ; ainsi on écrit bat*eau*, chap*eau*, cout*eau*, mart*eau*, cerv*eau*, cav*eau*, etc. parce qu'il se trouve un *e* dans les mots analogues batelier, coutelier, chapelier, marteler, cervelle, cave ; on écrit *beau*, *nouveau*, parce qu'il se trouve un *e* dans belle, nouvelle ; et en conséquence on écrit avec *eau* les mots b*eau*té, nouv*eau*té, B*eau*fort, B*eau*mont, b*eau*coup, B*eau*lieu , B*eau*vais , parce que *beau* et *nouveau* entrent dans la composition de ces mots.

Remarque. En général les mots formés l'un de l'autre gardent ordinairement la même orthographe dans les syllabes qui ont le même son. Par exemple : on écrit *abandon, abandonnement, abandonner; accommoder, accommodage, accommodable, accommodement; danse, danser, danseur, etc.*

4º. Par *os*, dans le cl*os*, l'encl*os*, le d*os*, le hér*os*, un *os*, un prop*os*, le rep*os*, disp*os*, gr*os*, écl*os*, etc.

5º. Par *aud* dans les noms singuliers crap*aud*, échaf*aud*, nig*aud*, bad*aud*.

6°. Par *aut* dans le déf*aut*, le h*aut*, le s*aut*.

7°. Par *ot* dans abric*ot*, arg*ot*, erg*ot*, un bill*ot*, un berling*ot*, cach*ot*, camel*ot*, can*ot*, cap*ot*, etc.

On ajoute une *s* pour représenter le son l'*o* au pluriel de ces trois dernières terminaisons, ce qui fait encore trois manières nouvelles, savoir : *auds*, *auts*, *ots*.

8°. Enfin, le son de l'*o* se représente par *aux* dans la ch*aux*, le f*aux*, *aux*, article, etc. Dans le pluriel de la majeure partie des noms qui se terminent en *al* au singulier, comme ég*al*, brut*al*, chev*al*, can*al*, capit*al*, arsen*al*, crist*al*, amir*al*, etc. ; et dans le pluriel de quelques noms qui se terminent en *ail* au singulier, comme b*ail*, cor*ail*, ém*ail*, soupir*ail*, trav*ail*.

Du son de l'u.

Le son de l'*u* est représenté, 1°. par un *u* dans croch*u*, ingén*u*, touff*u*, etc., adjectifs masculins singuliers; d*û*, reç*u*, répand*u*, reten*u*, suspend*u*, etc. participes singuliers masculins; et dans les substantifs singuliers capend*u*, éc*u*, fét*u*, individ*u*, résid*u*, vert*u*, etc.

2°. Par *us* dans conf*us*, diff*us*, percl*us*, etc., adjectifs singuliers masculins, qui s'écrivent de même au pluriel masculin ; et dans ab*us*, j*us*, ref*us*, tal*us*, etc. substantifs singuliers qui s'écrivent de même au pluriel, ainsi que les adjectifs, les participes et les substantifs terminés par un *u* au singulier.

3°. Par *ut* dans les mots b*ut*, déb*ut*, instit*ut*, précip*ut*, reb*ut*, r*ut*, sal*ut*, scorb*ut*, stat*ut*, substit*ut*, trib*ut*, etc. substantifs singuliers ; et à la fin de la troisième personne singulière du parfait défini et de l'imparfait du subjonctif des verbes qui, à ces deux temps, se conjuguent comme les verbes *devoir*, *lire*, *plaire et paroître*.

4°. Par *uts* dans le pluriel des substantifs en *ut* qui ont les deux nombres.

5°. Par *ux* dans fl*ux*, refl*ux*.

Du son nasal et des voyelles nasales.

On appelle son nasal un son modifié par le nez, comme il l'est dans toute syllabe qui se termine par une *m* ou une *n* ; telles sont les premières syllabes des mots *em*brasser, *tin*ter, *tom*ber, etc ; et les dernières des

mots océ*an*, rais*in*, raiso*n*, parf*um*, etc.,
sans avoir égard à d'autres consonnes qui
suivent quelquefois et qui sont muettes,
comme dans le *plomb*, les *plombs*; un
franc, deux *francs*; *grand*, *grands*; *pro-
fond*, *profonds*; *long*, *longs*; *camp*,
camps, etc.

On voit par les mots que nous venons
de citer, que les syllabes dont la prononciation est nasale, ont différens sons, et
ces sons ne sont variés que par les différentes voyelles nasales qui entrent dans la
composition de ces syllabes.

Nous avons quatre voyelles nasales, ou
simplement quatre nasales qui sont *an* ou *a*
nasal, comme dans la première syllabe du
mot *anchois*; *in* ou *i* nasal, qui se trouve dans
la première syllabe des mots *ainsi*, *ingrat*;
on ou *o* nasal dans la première syllabe du
mot *onze*; enfin *un* ou *u* nasal, dont le
son se trouve dans la dernière syllabe des
mots *commun*, *parfum*.

La difficulté est de savoir, 1°. quand le
son *an* doit être représenté par *am* ou *em*;
an ou *en*, *ant* ou *ent*;

2°. Quand le son *in* ou *i* nasal doit être

(152)

représenté par *im* ou *aim*, et quand il doit l'être par *in*, *ain* ou *ein*;

3º. Quand le son *on* ou l'*o* nasal doit être représenté par *om*, *eon* ou par *on*;

4º. Enfin, quand le son *un* ou l'*u* nasal doit être représenté par *um*, *eun* ou par *un*.

Iʳᵉ. RÈGLE GÉNÉRALE.

La voyelle nasale est formée avec une *m* lorsqu'elle est suivie de *b*, *m*, *p* ou *ph*, comme dans les mots *ambition*, *embarras*, *imbiber*, *combler*, *humble*, *emmancher*, *amplifier*, *emploi*, *simplifier*, *complaisance*, *compte*, supputation, *comptes*, *comptable* qu'on écrit ainsi pour les distinguer des mots *conte*, fable, et *conter*, narrer; enfin dans *amphithéâtre*, *emphâse*, *triomphe*, etc.

Il faut excepter la première personne du pluriel du parfait défini des verbes *tenir*, *venir* et de leurs composés, où l'on emploie une *n* avant *m* : nous *tînmes*, nous *vînmes*; nous *retînmes*, nous *revînmes*, etc., ainsi que le mot *néanmoins* qu'on écrivait autrefois *néantmoins*, et le mot *embonpoint* dans lequel on met une *n* avant le *p*.

IIe. Règle générale.

Lorsque la voyelle nasale n'est point suivie de *b*, *m*, *p* ou *ph*, elle est toujours formée avec une *n* comme dans les mots *antimoine*, *endormi*, *intérieur*, *songe*, *conte*, narration, *conter*, narrer, etc.

Il faut excepter les mots *comte*, *comté*, et leurs dérivés *comtat*, *comtesse*, qualifications qui appartiennent à la noblesse, et qu'on écrit ainsi, pour les distinguer des mots *compte*, supputation, et *conte*, narration. On excepte aussi les mots *automne*, *damner* et ses dérivés *damnation*, *damnables*, *condamner*, etc. dans lesquels la voyelle nasale prend une *m* avant *n*, parce qu'ils viennent des mots latins *autumnus*, *damnare*.

Du son nasal an, *ou de l'*a *nasal.*

Ire. Règle.

Le son nasal *an* est représenté par *am* dans les mots qui viennent des mots latins écrits avec *am*, comme *ambition*, du mot latin *ambitio*; ample, d'*amplus*; amphithéâtre, d'*amphithéatrum*; amplifier, d'*am-*

plificare; ampoule , d'*ampulla ;* amputation, d'*amputatio ;* champ , de *campus ;* pampre , de *pampinus ,* etc.

I Ie. Règle.

Le même son est représenté par *em* , 1°. dans les mots composés qui viennent ou d'un nom ou d'un verbe, comme *emballer, embarquement , embellir , emboîter , emmener , emporter , empoisonner , etc.* qui sont composés des mots *balle , barque , belle , boîte , mener , porter , poison.*

2°. Dans les mots qui viennent des mots latins écrits avec *im* , comme embarras , d'*impedimentum ;* empêcher , d'*impedire ;* empoisser , d'*impicare ;* empreint , d'*impressus ,* etc.

I I Ie. Règle.

Le son nasal *an* est représenté par *an* , dans les mots qui viennent des mots latins écrits avec *an* , comme ancien d'*antiquus ;* Ancône , d'*Ancona ;* ancre , d'*anchora ;* angle , d'*angulus ;* chandelle, de *candela ;* distance , de *distantia ;* manger , de *manducare ,* etc.

IVe. RÈGLE.

Le même son est représenté par *ant* dans les gérondifs présens et les adjectifs verbaux qui se terminent toujours en *ant*. En *dansant*, en *lisant*, en *mangeant*, en *jouant*, etc. ; gérondifs, *abondant, charmant, attendrissant, reconnaissant*, etc. ; adjectifs qui viennent des verbes *abonder, charmer, attendrir, reconnaître*, etc.

V^e. RÈGLE.

Le son nasal *an* est représenté par *en*, 1°. dans les mots composés qui viennent ou d'un nom ou d'un verbe, comme *encourager, enfermer, engager, engraisser*, etc. qui sont composés des mots *courage, fermer, gager, graisser*.

2°. Dans ceux qui sont tirés des mots latins écrits avec *en*, comme absence, d'*absentia*; censure, de *censura*; immense, d'*immensus*, etc.

3°. Dans ceux qui sont tirés des mots latins écrits avec *in*, comme cendre, de *cinis*; enclume, d'*incus*; enfance, d'*infantia*; entrer, d'*intrare*, etc.

4°. Les verbes en *dre*, où l'on entend le son *an*, s'écrivent avec *en*, et se terminent en *endre*, comme *fendre*, *refendre*, *prendre*, *reprendre*, *défendre*, *rendre*, etc.

Il faut en excepter *épandre et répandre*.

V Ie.   R È G L E.

Les adverbes qui marquent la manière dont se font les choses, se terminent par *ment* qu'on prononce *man*. Exemple : *doucement*, *poliment*, *sagement*, *adroitement*, etc.

Les substantifs formés des verbes ont aussi la même terminaison, comme l'*abaissement*, l'*aboiement*, le *dépérissement*, etc.

Du son nasal in*, ou de l'*i *nasal.*

Ire.   R È G L E.

Le son nasal *in* est toujours représenté par *im* au commencement des mot français, parce qu'ils sont tirés des mots latins écrits avec *im*, comme impatience, d'*impatientia*; impérieux, d'*imperiosus*; imprimer, d'*imprimere*; impulsion, d'*impulsio*, etc.

Il faut excepter *ainsi*, *Eimbeck*, ville de Saxe, et *ains*, vieux mot.

Remarque.

Le même son est représenté par *aim* dans *daim*, du mot latin *dama*, et dans *faim*, à cause du mot *famine* et du latin *fames*.

IIᵉ. RÈGLE.

Le son nasal *in* est représenté par *ain*, 1°. dans les mots qui viennent des mots latins où il se trouve un a ; 2°. lorsque cette même voyelle se rencontre dans un mot français analogue à celui qu'on veut écrire. Ainsi, on écrit bain, de *balneum;* grain, de *granum;* gain, du mot *gagner;* main, de *manus*, etc.

Remarque.

Des substantifs en *ique*, on a formé des adjectifs en changeant *que* en *cain* : d'*A-frique*, *Amérique*, *Dominique*, *Répu-blique*, etc. on a fait les adjectifs *Africain*, *Américain*, *Dominicain*, *Républicain*.

Il y des verbes en *aindre* et en *aincre;*

ce sont *vaincre*, *convaincre*, *complaindre*, *contraindre*, *craindre*, *plaindre*.

I I I^e. RÈGLE.

Dans tous les verbes, excepté ceux que nous venons de citer, où le son nasal *in* se fait entendre, ce son est représenté par *ein*, et la terminaison du verbe est en *eindre*, comme dans *atteindre*, *ceindre*, *feindre*, *peindre*, etc.

Ce son se représente aussi par *ein* dans *plein*, *serein*, à cause des mots latins *plenus*, *serenus*, et des substantifs *plénitude*, *sérénité*, où il se trouve un *e*.

I V^e. RÈGLE.

Le son nasal *in* se représente par *in* dans les mots qui viennent d'un mot latin où il se trouve un *i*, et dans ceux qui ont un mot analogue où cette voyelle se rencontre ; ainsi on écrit *vin* de *vineux*, du latin *vinum*; *divin*, du mot latin *divinus*, et à cause du féminin *divine*, etc.

Enfin, le son nasal *in* se représente par *in* au commencement de tous les mots et de leurs dérivés qui sont tirés des mots latins qui commencent par *in* ; ainsi, on écrit

inconnu , d'*incognitus* , infidélité , d'*infidé-
litas* ; injustice , d'*injustitia, etc.*

Du son nasal on , *ou de l'*o *nasal.*

Ire. RÈGLE.

Le son nasal *on* se représente par *om*
dans les mots dont les dérivés s'écrivent
avec *om*, comme le *nom*, le *pronom*, le
plomb, etc. , à cause des mots *nommer*,
pronominal, *plomber*; il doit y avoir une
m dans *plomber*, parce que la voyelle nasale
se trouve suivie d'un *b*. Voyez la première
règle générale.

IIe. RÈGLE.

Le même son est représenté par *eon* dans
*bourgeon, escourgeon , esturgeon, pigeon,
plongeon , sauvageon , surgeon ;* et dans
la première personne plurielle du présent
de l'indicatif des verbes en *ger*, nous *jugeons,*
nous *mangeons, etc.*

IIIe. RÈGLE.

Le même son se représente par *on* dans
les autres mots dont plusieurs viennent de
mots latins qui renferment *on*, comme bonté,
de *bonitas ;* content, de *contentus ;* concorde,
de *concordia , etc.*

On écrit aussi avec *on* les premières personnes du pluriel des verbes nous *aimons*,
nous *donnions*, nous *ferions*, nous *rece-
vrons*, que nous *lisions*, que nous *écri-
vissions*, etc.

Il faut en excepter la première personne
plurielle du présent de l'indicatif des verbes
en *ger*, qui s'écrivent avec *eon*, nous *jugeons*,
rangeons, etc.

Du son nasal un, *ou de l'u nasal.*

Le son nasal *un* se représente par *um* dans
parfum, à cause de ses dérivés *parfumer*,
parfumerie, qui renferment une *m*.

Il s'écrit par *eun* dans *à jeûn*, à cause
des mots *jeûner*, *déjeûner*.

Les autres mots s'écrivent avec *un*, *aucun*,
Autun, *commun*, *Tribun*, *Verdun*, etc.

FIN.

TABLE DES MATIÈRES.

Fin de la table des matières.